KATMA EDELSTEIN-ESSENZEN

Für unseren Sohn
Julian Sebastian Fröhling

Katrin Martin und Thomas Fröhling

KATMA EDELSTEIN-ESSENZEN

15 Edelsteinessenzen, ihr Wesen, ihre Wirkung
Mit Wegweiser zur passenden Essenz

Für Anja

Viel Erfolg mit KATMA!

Katrin Martin-Fröhling

Alle Angaben in diesem Buch sind nach bestem Wissen und Gewissen zusammengestellt. Da jedoch ein jeder von uns aufgrund seiner physischen und psychischen Eigenschaften individuell reagiert, können weder Verlag noch Autoren im Einzelfall eine Garantie für die Wirkungsweise übernehmen. Die Eigenbehandlung mit den KATMA Edelstein-Essenzen kann keinen ärztlichen oder therapeutischen Rat ersetzen. Bei gesundheitlichen Beschwerden wenden Sie sich daher an Ihren Hausarzt oder Heilpraktiker.

Bildnachweis

Alle Fotos: Verlag Fröhling & Fröhling

Impressum

Verlag Fröhling & Fröhling, Freiburg Au
Redaktion und Gestaltung: Pressebüro Fröhling
Einbandgestaltung: Katrin Martin, Nadine Paul

Druck: schwarz auf weiss, Freiburg

Printed in Germany 2008
ISBN Nummer: 978-3-00-025161-0

INHALT

VORWORT

Wer – so das deutsche Sprichwort – Steine auf seinem Weg vorfindet, hat mit Schwierigkeiten zu rechnen. Steine sind Hindernisse, die es zu überwinden gilt. Und doch fahren und gehen wir auf Straßen aus Stein, wohnen in Häusern aus Stein. Steine begleiten uns unser ganzes Leben.

Für mich als Kind hatten Steine etwas Bedrohliches. Denn mein Land, die damalige DDR, war von einem Steinwall umgeben, der den Staat in ein großes Gefängnis verwandelte. Schon als Kind aber habe ich gewußt, daß ich diese Steinmauer überwinden werde.

Mit leichter Hand räumte ich mir – ein klares Ziel vor Augen: die Freiheit – meine Steine aus dem Weg.

Steine auf meinem Weg

Heute stecke ich oft die Steine auf meinem Weg in die Tasche. Und ich trage Steine um meinen Hals. Aber ich trage sie nicht „wie einen Mühlstein“. Im Gegenteil: Ich habe erkannt, daß Steine befreien können! Und zwar, indem wir den Geist des Steines wecken – und für uns nutzen.

Der Stein ist nicht tot! Denn er wandelt, verändert sich. (Nicht wie Menschen, die in 70 Jahren vom Kind zum Greis werden, sondern in Jahrmillionen.) Veränderung aber bedeutet Bewegung, und Bewegung ist ein Kennzeichen des Lebens.

Alles, was sich verändert, unterliegt einer Idee, einem geistigen Prinzip, das Wandlungen schafft. Ein individualisierter Teil dieses Geistigen ist unsere Seele. Wir können sagen, die Steine besitzen das Gedächtnis und den Geist von Jahrmillionen.

Dieses Gedächtnis können wir mit den KATMA-Edelstein-Essenzen für uns nutzen. Ich habe ein Verfahren entwickelt, mit dem ich den Geist der Edelsteine in Wasser übertrage und in ein Mittel zur geistigen Heilung verwandle.
Doch es reicht nicht, daß Sie einfach nur alles „schlucken“. Sie selber müssen auch etwas tun. Verwechseln Sie die Steinessenzen nicht mit Aspirin. Denn es geht nicht darum, Kopfschmerzen für ein paar Stunden zu vertreiben – die dann ein, zwei Tage später wieder auftauchen – sondern um eine tiefgreifende geistige Veränderung, ja, eine seelische Heilung. Und ich bin sicher, daß dies nicht nur der erste – sondern der entscheidende Schritt ist. Diese Ansicht freilich gilt kaum als wissenschaftlich beweisbar.

Ich habe mich den Steinen und ihren Heilkräften nicht auf analytisch-wissenschaftlichem Wege genähert. Man könnte eher sagen, daß mir vieles in die Wiege gelegt wurde. Meine Großmutter besaß besondere Heilkräfte. Sie hat nie eine Universität besucht, kein Medizinstudium absolviert – doch sie hatte die Fähigkeit, Menschen oft über große Entfernungen hinweg zu helfen.
Mit 18 Jahren dann begann ich mich intensiv mit dem zu beschäftigen, was es an Unerklärlichem zwischen Himmel und Erde gibt. Damit stand ich damals in meiner alten „Heimat“ ziemlich allein.

Nach meiner Ausreise aus der DDR kam ich ins andere Extrem. Im Westen fand ich mich in einem wahren Bücherparadies wieder. Die Regale der großen Buchhandlungen waren gefüllt mit esoterischer Literatur. Und so las ich zuerst wahl- und ziellos alles, was mir in die Hände fiel. Außerdem besuchte ich zahlreiche Kurse von der „Geistheilung durch Engelskraft“ bis zu „Seelenreisen durch Rebirthing“. Am Ende aber fühlte ich mich wie ein Mensch, der sich einfach überfressen hat. Und vor lauter Bäumen konnte ich den Wald nicht mehr sehen.

Heute kann ich sagen, was ich genau erreichen wollte: Meine Füße sollten fest auf dieser Erde stehen – und mein Kopf in den Wolken sein. Als ich jedoch zu suchen begann, stand ich nicht richtig auf der Erde und der Himmel über meinem Kopf war wolkenverhangen.

Was aber fand ich nun bei den Esoterikern? Wieder eine hermetisch abgeriegelte Welt! In diesen esoterischen Zonen regierten blind verehrte Meister, denen wir uns völlig zu unterwerfen hatten, um das ganze Ausmaß ihrer Weisheit verstehen und ein neues Leben in ihrem Sinne beginnen zu können. Aber ich hatte doch die DDR nicht verlassen, um mich wieder einzäunen zu lassen. Ich wollte Marx und Engels und Lenin und Stalin und Honecker und Mielke nicht durch andere geistige Führer erstzten. Ich suchte die Freiheit...
Ich brauchte ein paar Monate, um zu verstehen:

Natürlich – die Freiheit kann ich nur in mir selbst finden. Und dazu brauche ich nicht nur keinen Meister – nein, er wäre ja für mich ein Klotz am Bein. Das war mir bereits klar, als ich Thomas Fröhling kennenlernte, der mich in diesem Denken bestärkte. Eines Tages schenkte er mir eine blaue Mappe. Darin ein Manuskript.

Und hier fand ich endlich Gedanken, die meinen Weg pflasterten – und nicht neue Hindernisse aufbauten. Er hatte niedergeschrieben, was schon lange in mir war. Gleich die ersten Sätze, die ich zitieren möchte, machten deutlich, wohin unsere Lebensreisen wirklich gehen:

„Wo kommen wir her und wo gehen wir hin?" – Ich denke, dies ist die Kernfrage von uns Menschen. Die Antwort ist natürlich sehr einfach. Wie alles im Leben ganz einfach ist, wenn wir erst einmal erkannt haben, woher wir kommen und wohin wir gehen. „Wir kommen von Gott und gehen zu Gott." Das ist die Antwort der etablierten Religionen. „Wir waren Gott und wir werden wieder zu Gott." So lautet meine Antwort.

Der Unterschied zwischen diesen Antworten ist der Unterschied zwischen einem unfreien und einem freien, zwischen einem verängstigten und einem furchtlosen Menschen. Der Mensch, der glaubt, daß er als ein Kind Gottes in diese Welt gesandt wurde, und, wenn er auf dieser Welt ein gutes und gerechtes Leben geführt hat, zurück zu Gott darf, um in Ewigkeit in SEINEM Reich zu leben, ist nicht frei, sondern voller Angst. Er ist nicht frei, weil er einen Gott über sich fühlt, der einst über ihn richten wird. Ist er gut, weiß er kaum, ob er es aus Angst ist, weil ja ER einst über ihn richten wird, oder ob er als guter Mensch vor seinem eigenen Gewissen so gehandelt hat. Das heißt:
1) Wirklich gut kann nur der sein, der frei ist.

2) Wer Gutes aus Angst tut, bewirkt nichts Gutes.
3) Wir müssen demnach frei sein, um Gutes zu tun. Und wir dürfen frei sein. Denn es gibt zwar einen Gott – doch er ist nicht über uns, sondern in uns."

Dieses Buch schenkte mir Vertrauen zu meiner inneren Stimme! Und nun ging auf einmal alles ganz einfach. Und in Thomas fand ich dann meinen Arbeits- und Lebenspartner.

Freiburg, im Sommer 2008

Katrin Martin & Thomas Fröhling

AUF DER SUCHE NACH DEM STEIN DER WEISEN

Das Leben: eine Kette zufälliger Ereignisse? 14 Edelsteine von zentraler Bedeutung – Wie wir den Geist in die Flasche bannen – Dr. Bach fährt aufs Land – Der Autor erkrankt auf mysteriöse Weise – Krankheit und Gesundheit: eine Glückssache? – Der Körper als Ausdrucksform der Seele – Die Mineralien des Dr. Schüssler.

Wir Menschen sind auf der Suche. Nach der Liebe, dem Glück und der Harmonie. Doch nur selten finden wir. Und nichts hat auf immer Bestand. Unser Leben erscheint uns als eine Kette zufälliger Ereignisse, die uns wie auf einer Berg- und Talfahrt mal hier und mal dorthin tragen. Wenn das Leben wirklich so spielt, dann sind wir alle Opfer.

Wir, die Autoren dieses Buches, glauben nicht an Zufälle. Für uns ist das Leben ein Entwicklungsprozeß, der verschiedene Aufgaben an uns stellt. Mit diesem Wissen aber sind wir nicht länger Opfer – sondern können uns zum Schöpfer unseres Lebens emporschwingen. Denn haben wir unsere Aufgaben erst einmal erkannt, dann können wir sie auch lösen. Und uns damit er-lösen. Es geht also um das bewußte Leben – um das Bewußt-Sein.

Bewußtsein ist das Geistige. Wir können uns ihm daher ausschließlich auf geistigem Wege nähern. Deshalb gilt es, Mittel und Methoden für uns zu finden, die das Bewußt-Sein entwickeln können. Wer oder was aber vermag das? Auf diese Frage kannten schon die Mediziner des Altertums eine Antwort: Sie nutzten für die seelische und die körperliche Heilung die Kraft der Edelsteine.

Seit Jahrtausenden ist die Edelsteintherapie bekannt. Auf bestimmte Bereiche des Körpers legten Ärzte Edelsteine zur Linderung von Schmerzen. Damals wandte man aber auch eine andere Methode an. Die Steine wurden für einige Stunden in Wasser gelegt. Diese Edelsteintinktur flößte man sodann dem Kranken ein.

Auch heute noch ist die Edelsteintherapie in der alternativen Medizin aktuell. Weitgehend in Vergessenheit geraten aber ist die Behandlung mit Edelsteinessenzen. Wir haben sie wiederentdeckt, systematisiert und für Therapeuten und Laien nutzbar gemacht.

EINE NEUE THERAPIE

Mit unseren „KATMA-Edelsteinessenzen" gelang es, die Heilkräfte der Edelsteine ins Wasser zu übertragen. Auf diese Weise können wir direkt die feinstoffliche Information über die Essenz in unseren Energiekreislauf geben. Hier kann sich nun die Kraft des Steines mit unserer Lebensenergie verbinden, sie harmonisieren und stärken.

Zum ersten Mal sind hier die Edelsteinessenzen, die für uns Menschen zentrale Bedeutung im geistigen und damit natürlich auch im körperlichen Bereich besitzen, gesichtet und geordnet. Jeder Stein, der seine Information in das Wasser gab, hat seine besonderen Qualitäten und Eigenschaften – und die sind in „Wesensbildern" von uns beschrieben und zusammengefaßt worden.

Anhand der „Wesensbilder" der Steine kann sich auch der Laie einfach orientieren und wiedererkennen. Er hat damit die Chance, sich selbst zu behandeln. Denn die KATMA-Edelsteinessenzen richten sich an jeden direkt, damit er Verantwortung für sich zu übernehmen lernt.

Das Set der original KATMA-Edelsteinessenzen – das Sie bei uns bestellen können – enthält außerdem zwei Flaschen der „Quint-Essenz". In ihr vereinen sich die Kräfte von fünf Edelsteinen zu einer Essenz für alle Fälle. Als Basismittel hilft sie bei seelischen und körperlichen Erschütterungen, indem sie unser feinstoffliches Energiesystem ausgleicht und stabilisiert. Die Behandlung mit den KATMA-Edelsteinessenzen hat keinerlei Nebenwirkungen.

Es existieren nur noch sehr wenige natürliche Mittel, die im Laufe der vergangenen Zeit ihre ursprüngliche Kraft bewahrt haben. In den letzten 150 Jahren, der Zeit des vielleicht rasantesten Fortschrittes in der Menschheitsgeschichte, hat die Natur sehr gelitten. Umweltschmutz und Raubbau der Erde aber haben den Edelsteinen nichts anhaben können. Mit den Edelsteinessenzen verbinden wir uns wieder mit der Natur, binden uns ein in die Gesamtheit der Schöpfung.

Wie sind wir nun auf die „KATMA-Edelsteinessenzen" gestoßen? Ganz „zufällig". So zufällig wie einst der berühmte Dr. Edward Bach (1886 – 1936). Dieser ungewöhnliche Arzt begann als Chirurg, um sich dann der medizinischen Forschung zuzuwenden. Sein Leben änderte sich dramatisch, als er 1917 schwer an Krebs erkrankte.

Ein Wink des Schicksals

Anstatt sein Testament zu machen und sich still in sein Schicksal zu ergeben, stürzte sich Dr. Bach, sobald er wieder aufstehen konnte, in neue Forschungsarbeiten. Diese aber hatten nun das Ziel, ein allumfassendes Heilmittel zu finden. Und das sollte nicht nur eine Krankheit kurieren, sondern den ganzen Menschen behandeln! In den späten 20er Jahren entdeckte er die Heilkraft von Blüten. Und wie es dazu kam, lohnt sich aufzuzeichnen:
Zu Forschungszwecken hatte sich Dr. Bach auf die Reise nach Wales begeben. Als er allerdings in seiner Unterkunft angekommen war, mußte er feststellen, daß er die Arztutensilien in seiner Londoner Praxis vergessen hatte – statt dessen war dieser Koffer mit einem vertauscht worden, in dem er nur Schuhe vorfand!

Dr. Bach nahm's als einen Wink des Schicksals: Er würde nun nicht in seinem Hotelzimmer Mikroskop und Laborfläschchen auspacken, mit Mörser und Stößel arbeiten und die wissenschaftlichen Ergebnisse fein säuberlich notieren – sondern in freier Natur den Frühling genießen. Und auf seinen Wanderungen über Hügel und an der Küste entlang, durch Täler und Moore dämmerte ihm beim Anblick der sonnenüberstrahlten Blüten der Pflanzen, daß er einer neuen Heilmethode auf der Spur war...

50 Jahre später in Rostock. Ein kleines Mädchen namens Katrin Martin wühlt in einem Kasten, den der Vater ihr geschenkt hat. Darin befindet sich eine Gesteinssammlung, die er einst angelegt hatte. Sie wird das liebste Spielzeug der Kleinen. Sie verbringt Stunden damit, die Steine neu zu ordnen, legt Muster aus und hält sie gegen das Licht. Und dabei fühlt sie eigenartige Kräfte, ein angenehmes Kribbeln in den Händen. Bisweilen legt sie auch ihre Lieb-

lingssteine in Wasser und gießt später damit die Blumen in ihrem Zimmer.
Wenn ihre Puppenkinder krank sind, bekommen sie Lapislazuliwasser.

Einmal, als ihr Bruder an einer schmerzhaften Bindehautentzündung leidet, stellt sie ihm ein Fläschchen mit Lapislazuliwasser auf den Nachttisch und sagt: „Das wird Dir bestimmt helfen!" Und so kommt es auch – das Steinwasser wirkt kühlend.

Noch einmal knapp zehn Jahre später befällt den Autor dieses Buches eine mysteriöse Krankheit. Seine Augen erscheinen ihm wie ausgetrocknet. Zunächst alle paar Wochen, dann alle paar Tage, beginnen die Lider zu schmerzen. Wenn er sie öffnet oder schließt, kommt es ihm so vor, als reibe man ihm die Augäpfel mit Sandpapier ein. Dann beginnen natürlich auch die Augen selbst zu brennen und endlich so unerträglich zu schmerzen, daß er sich – oft für Tage – in ein abgedunkeltes Zimmer zurückzieht. Fast sieben Jahre bleibt diese Krankheit sein ständiger Begleiter. Und er verliert beständig an Sehkraft.

Auf der Suche

Die Ärzte wissen keinen Rat. Niemand, nirgendwo. Der Befund bleibt stets der gleiche:

Organisch sind die Augen gesund. Aber warum schmerzen sie dann so, warum der rapide Verlust der Sehkraft? Auf dem Höhepunkt der Krankheit lernt er Katrin Martin kennen, die bereits vor Öffnung der Mauer in den Westen gekommen ist. Sie interessiert sich seit einiger Zeit für alternative Heilmethoden. Und so sind auch die Edelsteine wieder in ihr Leben getreten, über die sie inzwischen viel gelesen und gelernt hat. Sie erinnert sich an die Beschwerden des Bruders und an ihre Eingebung.

Für die angespannten Augen des Autors kauft sie nun einen Smaragd. Legt ihn in Wasser, tränkt damit ein Baumwolltuch und legt es ihm auf die Augen.

So also beginnt die Geschichte der KATMA-Edelsteinessenzen. Aber damit ist sie natürlich noch nicht zuende. Zunächst einmal: Der grüne Smaragd lindert die Schmerzen des Autors. Seine ausgleichende Kraft schenkt den angestrengten Augen endlich wieder etwas Entspannung.

Aber – kann man die Steine auch gezielt bei bestimmten Problemen seelischer und körperlicher Art einsetzen? Bis zu einem gewissen Grad ja, das registriert Katrin Martin schon ganz zu Beginn. Sie macht Versuche mit Steinen und Essenzen, die sie zuerst nur auf die Haut aufträgt. So stellt sie Haarwasser aus Amethyst und Rubin her oder gibt Rubinwasser auf die Fußsohlen, bevor sie eine Reflexzonenmassage beginnt. Das reicht ihr bald nicht mehr. Sie entwickelt nun auch Essenzen zur Einnahme.

Und ihr wird klar, daß die Edelsteine auf diese Weise innere Blockaden lösen und Bewußtseinsprozesse in Gang setzen können. Doch noch fehlt ein System. Beim Durchforsten der umfangreichen Literatur stellt sie fest: Nirgendwo existieren konkrete Aufzeichnungen darüber, wie Edelsteinessenzen wirken und welche Steine dafür besonders geeignet sind.

Da weiß Katrin Martin: Das ist meine Aufgabe. Und so macht sie sich an die Arbeit...

DAS FÜNFTE ELEMENT

Dieses Buch ist vor allem für Praktiker gedacht. Auch das Autorenpaar gehört zu den Menschen, die gern sagen: Wenn etwas funktioniert, muß ich nicht unbedingt auch wissen, warum es klappt. Dennoch kommen wir um einen eher theoretischen Teil nicht ganz herum. Wir beginnen ganz von vorn: mit dem Urknall.

Seit knapp 70 Jahren glauben wir Bewohner des winzigen Planeten Erde ziemlich genau zu wissen, wie alles einmal angefangen hat. Im Jahre 1930 veröffentlichte der belgische Astronom Georges Lemaître seine Theorie vom „Urknall". Sie besagt in etwa, daß vor runden 15 Milliarden Jahren die gesamte Materie des Universums eins gewesen sei. Dieses sogenannte „kosmische Ei" explodierte sodann, und seine Teile wurden zu Galaxien, die sich mit unwahrscheinlicher Geschwindigkeit voneinander entfernten. Folgen wir Monsieur Lamaître, dann muß es bei diesem Urknall gewaltige Energieumwandlungen gegeben haben. Und hier bleibt nun eine Frage offen: Wo ist diese Energie eigentlich hergekommen, die das endlose Universum, die gewaltigen Galaxien und irgendwo darin, wie ein Papierschiff im Ozean, unsere Erde schuf?

Schon im Altertum bekannt

Bevor wir diese Frage beantworten, müssen wir zu den Elementen kommen. Es gibt deren vier: Feuer, Erde, Wasser und Luft. Das wußte schon der Mensch des Altertums. Und tatsächlich ist es so, daß erst durch die vier Elemente die Vielfalt der Schöpfung möglich wurde. In der modernen Naturwissenschaft haben die Physiker auf der Suche nach der Weltentstehungsformel herausgefunden, daß aus dem Urknall die vier Elemente hervorgingen. Die Wissenschaftler nennen diese die Gravitationskraft (Erde), die elektromagnetische Kraft (Feuer), die starke und die schwache Kernkraft (Luft und Wasser).

Nach den vier Elementen wenden wir uns jetzt einem höchst geheimnisvollen Etwas mit vielen Namen und größtmöglicher Bedeutung zu. Wir können es die Ursubstanz nennen oder das Bewußtsein, die Quintessenz oder den großen Geist, den lieben Gott oder eben auch das „fünfte Element". Bleiben wir einfach bei dem letzteren Namen.

In ihrer Mischung formen die vier Elemente unsere materielle Wirklichkeit und stehen daher für die Gesamtheit der Schöpfung. Das fünfte Element aber ist es, das diese vier erst zum Leben erweckt! Es ist der göttliche Hauch, der allem das Leben schenkt, es entspricht dem Bewußtsein, das alles formt und durchdringt – es ist die Ganzheit, die Idee der Schöpfung. Es schuf die Elemente, ohne die diese materielle Welt nicht existierte und ist eben die geistige Kraft, die vor dem Urknall da war – und diesen initiierte. Es ist also die „Quintessenz" aller Dinge. Quint steht hier für die Fünf und Essenz bezeichnet das Wesentliche einer Sache.

Auch in der Alchimie taucht dieser Begriff auf. Hier ist er besser bekannt unter dem Namen „Der Stein der Weisen". Im Reinzustand soll er unedle Metalle in reines Gold verwandeln können. Das Gold steht hier aber nicht für Reichtum und Macht auf dieser Welt, sondern für das Höchste, Größte. Der Stein der Weisen besitzt die Kraft zur Transformation, zur Verwandlung. Er ist das Lebenselixier, das fünfte Element, das alle Krankheiten zu heilen versteht.

Das Prinzip des Geistigen

Wie können wir uns diesem Element nähern? Indem wir bewußter werden. Wenn wir Dinge und Erscheinungen in einen Zusammenhang mit unserem Denken und Tun bringen, erkennen wir die Gesetze des Geistigen und unser Bewußtsein kann sich entfalten. Geeignete Wege sind zum Beispiel Meditation, Yoga oder Tai Chi – denn bei diesen Übungen geht es ja darum, den Verstand möglichst ruhen zu lassen und unserer Seele Raum zu geben. Sie ist das individualisierte Bewußtsein und damit ein Teil des allumfassenden Gesamtbewußtseins. Einen anderen Zugang zu unseren geistigen Kräften bietet uns die „vergeistigte Materie".

Die KATMA-Edelsteinessenzen sind vergeistigte Materie. Denn die Edelsteine schenken uns ihre geistige Kraft, ihre Essenz, in der all ihre Eigenschaften, ihre heilende und ausgleichende Energie als feinstoffliche Information gespeichert ist. Dieses Prinzip finden wir auch in der Homöopathie wieder. Hier wird durch Schütteln und Potenzieren eine Ursubstanz so stark verdünnt, daß rein materiell nichts mehr nachweisbar ist. – Und dennoch wirken diese Arzneimittel gerade in den sehr hohen, feinstofflichen Potenzen am tiefsten. Die Wissenschaft schüttelt da nur den Kopf und stößt an ihre Grenzen. Sie will weiterhin ausschließlich materielle Erscheinungen materiell messen und auswerten. Doch wie will man etwas Feinstoffliches, Geistiges, nicht Sichtbares – und eben dadurch Nichtmaterielles – mit den üblichen materiellen Mitteln untersuchen?

Das ist natürlich unmöglich. Und unser Verstand, man möge uns diesen Kalauer verzeihen, beginnt an seinem Verstand zu zweifeln! Denn wie kann etwas wirken, was nicht sichtbar, fühlbar und nachweisbar ist? Mit den vier Elementen können unsere Wissenschaftler eine ganze Menge anfangen. Das fünfte Element aber negieren viele von ihnen weiterhin.

Wege der Heilung

Doch natürlich: Grau, mein Freund, ist alle Theorie! Darum nun eine kleine Geschichte aus der Praxis über die Heilkraft des Geistigen. Der Held unseres Erfahrungsberichtes ist eine graugetigerte Katze, die den stolzen Namen „Voltaire“ trägt. Sie ist seit 15 Jahren ein treuer Begleiter des Autors.

Im August 1993 begann uns aufzufallen, daß Voltaire ihren Freßnapf kaum noch anrührte. Eines Tages, als sie nach langer Zeit mal wieder bereit war, ihre Streicheleinheit abzufordern, entdeckte Katrin Martin auf dem Bauch zwei offene, fünfmarkstückgroße Stellen. Ein schlimmer Anblick.

Voltaire in ihren Katzenkorb zu packen und zum Tierarzt zu fahren war eines. Dort aber mußten wir von der Ärztin hören, daß Herbstmilben Verursacher der offenen Wunden seien und bedauerlicherweise das Immunsystem unserer alten Dame so geschwächt sei, daß sie uns nur noch wenig Hoffnung auf eine Genesung machen könne. Voltaire zog sich immer mehr von uns zurück. Und ich sagte zu Katrin: „Sie will allein sterben. Ich glaube, sie träumt sich in das Jenseits hinein.“

Als ich eben dies sagte, sprang urplötzlich Voltaire ins Zimmer, auf der Jagd nach einer dicken Fliege. Und da meinte Katrin: „Nein, bei wem die Jagdinstinkte noch so wach sind, der will noch nicht gehen.“

Damals besuchte meine Lebensgefährtin gerade die Heilpraktikerschule, beschäftigte sich intensiv mit feinstofflichen Behandlungsmethoden und war davon fasziniert. So setzte sie noch am gleichen Nachmittag ihre innere Überzeugung um und zauberte aus einem losen kleinen Fellstückchen, an dem noch etwas Blut hing, eine Katzenmedizin. Für sie war klar, daß die Information von Fell, Blut und Milbe heilsam ist.

Ihre Methode: Sie nahm das Fellstückchen und legte es in eine ausgekochte, sterile Pipettenflasche.

Darauf gab sie 99 Tropfen Alkohol aus der Apotheke und schüttelte das Ganze 21 Mal kräftig. Dann goß sie den Inhalt aus. Ein winziger Rest floß die Flaschenwände wieder herunter. Der blieb in der Flasche und bildete so die Grundlage für die weitere Herstellung der Katzenmedizin. Denn nun füllte Katrin erneut 99 Tropfen Alkohol in das Fläschchen und schüttelte es wieder 21 Mal – um es dann erneut wegzugießen. Insgesamt sieben Mal vollführte sie diese Prozedur, und fertig war Voltaire´s Spezialdrink! Unsere Katze bekam von nun an morgens zwei Tröpfchen der Mixtur auf ihr Futter geträufelt. Wir hatten zuerst etwas Sorge, ob ihre empfindliche Nase sich vielleicht gegen diese Medizin sträuben würde – denn wir hatten so unsere Erfahrungen mit „normaler" Katzenmedizin gemacht. Eben diese pflegte Voltaire grundsätzlich zu verweigern. In diesem Fall jedoch nicht. Ja, sie leckte sogar die Tropfen zuallererst eifrigst ab. Was nun geschah, kommt uns beiden noch heute wie ein kleines Wunder vor (was wir nun natürlich ganz gut erklären können): Zuerst begann unsere Katze wieder etwas mehr zu fressen, um sich dann schnell zurückziehen und danach fast den gesamten Tag zu verschlafen. Das ging drei Tage: Sie erhob sich morgens, leckte und fraß – um sich dann in einer Ecke zusammenzurollen und weiterzuschlafen.

Am vierten Tag aber weckte sie uns des Morgens und forderte sehr energisch ihr Frühstück. Und jetzt hatten wir die Gelegenheit, ganz diskret nachzuschauen, wie's denn um die offenen Stellen an ihrem Bauch stand. Und wir konnten es kaum glauben: Es hatte sich frische Haut gebildet, das Fell glänzte wie bei einem ganz jungen Kätzchen, und nach zwei Wochen war Voltaire wieder ganz die Alte.

GESUNDHEIT, KRANKHEIT UND VERANTWORTUNG

Kommen wir nun wieder auf den Menschen. Schauen wir uns zwei Bekannte an, die sich nach längerer Zeit wieder in einer Kneipe begegnen. Der eine fragt: „Wie geht's denn, altes Haus?" Es erwiderte der andere: „Gottseidank ganz gut, Toitoitoi". Dabei klopft er auf das Holz des Tresens. „Und Dir?" – „Nicht ganz so doll, leider, leider. Ich komme gerade vom Arzt. Ich habe nämlich immer so ein Ziehen im Bein, und..."

Wer sich wohl fühlt, klopft also auf Holz und hofft, es möge noch lange so bleiben. Der Kranke geht zum Arzt und überläßt ihm die Verantwortung dafür, wie's mit ihm weitergehen soll. Der Mediziner entscheidet nun souverän anhand der körperlichen Symptome, was für Tabletten oder welche Operation seinen Patienten „wieder auf die Beine" bringen könnten.

Aber was sind Symptome? Vielleicht schon die Krankheit selbst? Da ja meist nur sie behandelt werden, liegt die Frage eigentlich ganz nahe.

Und diese Symptome müssen natürlich „bekämpft" werden. Mit schweren Medikamenten oder dem scharfen Skalpell. Ohne Pardon wird dem Körper der Krieg erklärt. Mit scharfen Geschützen wird hier gegen Symptome gekämpft. Gelingt eben dies durch eine medizinische Taktik oder ein scharfes Messer, ist der Mensch wieder ganz gesund. Oder?

Natürlich hat uns die Erfahrung längst gelehrt, dass dem nicht so ist. Wir wissen, bisweilen gewinnen unsere Ärzte durchaus den Kampf gegen ein Symptom. Aber das ist nur ein Pyrrhussieg in einem Krieg, den wir oft gar nicht erst führen sollten, weil wir dabei meistens verlieren. Für uns sollte das Symptom vielmehr ein Stein des Anstoßes sein und zwar im ursprünglichen Sinn dieses Wortes. Er sollte uns einen Anstoß geben zu überdenken, was wir auf dieser Welt tun und auch warum! Wir sollten überlegen, warum wir auf einmal gehindert werden, immer so weiterzumachen wie bisher. Macht vielleicht unser Körper schlapp, weil ihm das Leben, so wie wir es führen, nicht bekommt, und er mit Krankheit reagieren muß ?

Weisheit des Körpers

Wir sollten den Botschaften unseres Körpers besser zuhören, auch wenn sie schmerzen, damit wir endlich auf sie aufmerksam werden. Unübertroffen klar und weitsichtig haben dies Thorwald Dethlefsen und Rüdiger Dahlke in ihrem Standardwerk „Krankheit als Weg" (Goldmann Verlag) formuliert. Überlassen wir ihnen das Wort:

„Manifestiert sich im Körper eines Menschen ein Symptom, so zieht dies (mehr oder minder) die Aufmerksamkeit auf sich und unterbricht dadurch oft jäh die bisherige Kontinuität des Lebensweges... Diese von außen kommende Unterbrechung empfinden wir als Störung und haben deshalb meist nur ein Ziel: das Störende (die Störung) wieder zum verschwinden zu bringen. Der Mensch will sich nicht stören lassen – und damit beginnt der Kampf gegen das Symptom. Auch der Kampf ist Beschäftigung und Hinwendung – und so erreicht das Symptom immer, daß wir uns mit ihm beschäftigen.

Signale ohne Bedeutung?

Seit Hippokrates versucht die Schulmedizin, den Kranken einzureden, daß ein Symptom ein mehr oder minder zufälliges Ereignis sei, dessen Ursache in funktionalen Abläufen zu suchen sei, die zu erforschen man sehr bemüht ist. Die Schulmedizin vermeidet es sorgfältig, das Symptom zu deuten, und verbannt somit Symptom wie Krankheit in die Bedeutungslosigkeit. Doch damit verliert das Signal seine eigentliche Funktion – aus den Symptomen werden Signale ohne Bedeutung."

Das heißt nun nicht, daß wir (und die Autoren von „Krankheit als Weg" ebensowenig) von nun an jedem dringend abraten würden, bei Beschwerden einen Arzt aufzusuchen. Bei einer akuten Blinddarmreizung etwa würden wir erst einmal zum Arzt gehen und uns nötigenfalls auf den Operationstisch legen. Danach aber ist die Zeit, darüber nachzudenken, was uns der Körper sagen will. Denn wenn uns die Gesundheit am Herzen liegt, sollten wir uns fragen, warum unser Körper diese Notbremse ziehen mußte. Doch wohl, weil unser seelisches Befinden gestört ist.

Und diese seelische Ursache der Disharmonie sollten wir behandeln. Wir behandeln also nicht ein Symptom, sondern den Menschen. Je näher wir allerdings der Krankheitsursache kommen, desto ähnlicher werden wir uns dann alle, weil wir von einem Geist beseelt und aus den gleichen „Materialien" gebaut sind.

Wenn wir den Menschen rein materiell in seine Bestandteile aufteilen, wäre das Ergebnis dies: Der Hauptanteil seines Körpers besteht aus Wasser. Bei den jungen Menschen liegt er bei ungefähr 80 Prozent, bei den älteren nur noch bei 60 Prozent. Neben den organischen Substanzen wie Eiweiß und verschiedenen Vitaminen landen sodann ziemlich vorne in der Reihenfolge bereits die Mineralien. Als da wären: zwei Kilo weißes Calcium, ein Kilo rotbrauner Phosphor, 90 Gramm gelber Schwefel, 120 Gramm silberweißes Magnesium. Dazu kommen noch Eisen, Kupfer, Chrom, Selen, Zink, Mangan, Jod, Fluor und Molybdän.

Ganz ähnlich sieht es nebenbei bei Pflanzen und Tieren aus. Damit wird klar, woher wir alle kommen und wohin wir nach unserem physischen Tod auch wieder gehen. Wir alle sind aus der gleichen Grundsubstanz, belebt von Bewußtsein. Denn alles, was sich wandelt, entwickelt und was wächst, hat Bewußtsein und unterliegt einer Idee eben dieses Bewußtseins.

Wie das Mehl zum Backen

Auf die überragende Bedeutung der Mineralien stieß bereits im vergangenen Jahrhundert Dr. Wilhelm Heinrich Schüssler. Bei der Untersuchung der Asche von Verstorbenen fiel dem Arzt auf, daß – je nach Krankheit – bestimmte Mineralien nur in geringerem Maße vorhanden waren oder gar ganz fehlten. Diese Erkenntnis übertrug der Arzt in die Praxis: Bei Erkrankungen verabreichte er von nun an entsprechende Salze.

Auch Dr. Schüssler arbeitete feinstofflich, denn er bereitete die Mineralien zuvor homöopathisch auf. Von der Grundsubstanz selbst war in seiner Medizin nichts mehr feststellbar. Nur die Information wurde zu den Zellen transportiert. Bei Kalziummangel also gab und gibt man dem Patienten nicht dieses Mineral, sondern nur die Botschaft, die den Organismus daran erinnern soll, das nötige Kalzium aus der Nahrung aufzunehmen.

Ob es nun auch die Mineralien sind, die der feinstofflichen Energie der Edelsteine ihre spezielle Kraft geben, wissen wir nicht. Denn die Steine sind eben nicht nur pure Mineralien, sondern sozusagen natürlich gewachsene Bewußtseinseinheiten. Und an dieser Stelle ist es sicherlich interessant, auf den Unterschied zwischen Mineralien und Steinen einzugehen. Alle Steine bestehen aus Mineralien – was nun aber eben nicht heißt, daß auch alle Mineralien Steine sind. Die Mineralien bilden den Grundbaustein für das Reich der Steine und das der Pflanzen und Tiere. Wie das Mehl zum Backen, so sind die Mineralien die Grundlage der körperlichen Schöpfung.

DIE KATMA-EDELSTEIN ESSENZEN

Vor zwei Millionen Jahren – Kathedralen der Steinzeit –
Die „Kleider" unseres Kerns – Schöpfer des Lebens –
Wir ernten, was wir säen – Steine und Farben –
Auf den Energiestraßen des Körpers – Der unsichtbare Mantel.

Zu Beginn dieses Kapitels wollen wir wieder ein paar Schritte zurück in die Vergangenheit gehen, um zu verstehen, wie lang unsere Menschheitsgeschichte mit den Steinen verwoben ist. Vor rund zwei Millionen Jahren trat unser erster Vorfahr in Erscheinung: der „homo habilis". Er war derjenige in der langen Reihe der menschenähnlichen Primaten, den wir der Gattung „homo" (also Mensch) zuordnen. Bis zu seinem Auftauchen waren die Hominiden Aasfresser und Pflanzensammler. Jetzt erst wurde unser früher Vorfahr zum handelnden Wesen: Der Homo habilis nämlich vermochte es, sich Werkzeuge aus Steinen herzustellen. Mit Äxten und Messern aus Stein lernte er es, Tiere zu jagen und zu zerlegen. Sein direkter Nachfolger, der „homo erectus", machte den wichtigen zweiten Schritt: Diesem Prometheus der Menschheit gelang es, das Licht zu entzünden – und zwar mit Hilfe von Feuersteinen. Seine Kirchen waren die großen Steinhöhlen, in denen er seine Beute aufbewahrte, Schutz suchte vor den wilden Tieren – und deren Wände er mit den ersten Kunstwerken der Weltgeschichte bemalte. Ohne den Schutz der Höhle hätte er das rauhe Klima der Eiszeit nicht überleben können. Diese Steinzeit – die eine runde halbe Millionen Jahre andauerte – hat sich unserem Unterbewußtsein tief eingeprägt.

Aus der Antike erfahren wir von den vielfachen Aufgaben der edlen Steine – und nebenbei: Fast alle Namen für die Edelsteine stammen aus der Frühzeit des Menschen! Viele Edelsteine fanden zu kultischen, aber auch zu ganz profanen Zwecken ihre Verwendung. Aus dem grünen Malachit gewann man im alten Ägypten Augenschminke für die edlen Damen des Reiches. Allergrößte Bedeutung schließlich hatte der Smaragd im Altertum. So wurden vor rund 150 Jahren die einst weltberühmten Smaragd-Minen der Königin Kleopatra in Ägypten wiederentdeckt.

Bei unserem kurzen Streifzug durch die Geschichte der edlen Steine darf die Nonne Hildegard von Bingen nicht vergessen werden. Sie lebte von 1098 bis 1179. Sie war es, die die Wirkung von Edelsteinen und deren Beziehung zum Kosmos aufzeichnete. In ihrem großen Heilmittelbuch, der „Physika", beschrieb sie die Heilkräfte aller Naturerscheinungen in der Reihenfolge der sechs Ur-Schöpfungstage: von den Pflanzen, über die Bäume bis zu den Edelsteinen als Lichtgeschöpfe des vierten Schöpfungstages. Auch sie wußte bereits von der heilenden Kraft der Edelsteinessenzen. Und damit sind wir wieder bei unserem Thema, der Heilkraft der Steine und dem Prinzip des Geistigen.

Auf dem Weg zu sich selbst

In den KATMA-Edelsteinessenzen gehen beide eine harmonische Verbindung ein. Denn hier haben wir für jeden direkt nutzbar die Steinenergie in die Flasche „gezaubert". Ziel dieser Behandlung, die von Laien und Therapeuten angewendet werden kann, ist es, sich selbst zu finden – um damit die Voraussetzungen zu schaffen, an Leib und Seele zu gesunden.

Wir leben in einer Welt , in der wir mehr oder weniger nach gesellschaftlichen Normen funktionieren müssen. Wir haben unseren Blick nach außen gewandt, Wertmaßstäbe und Vorstellungen unserer Umwelt angenommen, die oft nicht die unseren sind. All das deckt unseren wahren Kern zu. Denn dieser Kern ist frei von Wertungen und kann uns aus der gesellschaftlichen Zwangsjacke erlösen. Haben wir den Zugang zu ihm gefunden, ist er der beste Lebensberater. Denn er und deshalb „wir" wissen am besten, wonach wir uns sehnen, was wir tun möchten und wie wir unseren Lebensweg finden, auf dem

wir glücklich und zufrieden voranschreiten können, im Einklang mit uns, im Einklang mit der Schöpfung.

Diesem Kern können wir uns auf vielfältige Weise nähern. Er trägt verschiedene Kleider. Das sind die Religionen unserer Welt. Doch wenn wir uns selbst finden wollen, müssen wir diese Kleider ablegen.

Die KATMA-Edelsteinessenzen sind ein Begleiter auf dem Weg zu sich selbst. Dieser Weg ist nicht immer einfach zu beschreiten, denn er enthebt uns der Opferrolle. Aber – und das ist das Entscheidende – er macht uns gleichzeitig zum Schöpfer unseres Lebens. Und das macht uns frei. Wenn Sie die Wesensbilder der KATMA-Essenzen lesen, wird Ihnen auffallen, daß sehr häufig vom „Finden des Selbst" gesprochen wird. Das ist das zentrale Thema. Aber dorthin führen verschiedene Wege.

Den eigenen Weg gehen

Jeder von uns lebt in seinem eigenen Umfeld und findet seine besonderen Bedingungen vor. Er hat im Verlaufe seiner Entwicklung individuelle Prägungen erfahren, seine Erfahrungen gemacht. Uns machen andere Dinge Bauchschmerzen als unserem Nachbarn. Und genau diese Empfindungen, diese Probleme, der ganz eigene Zustand des Menschen ist es, der uns den Weg weist. Denn in jeder Schwierigkeit, in jedem Problem, ruht auch seine Lösung und ein Potential, was „er-löst", das heißt: „ge-löst" werden will und muß. Sind wir soweit, sind wir unserem Kern ein Stück näher gekommen. Die darunterliegende Schicht kommt ans Tageslicht. Nun wird es andere Steine auf unserm Weg geben, wir werden andere Essenzen benötigen. Und so werden wir Stück für Stück wachsen und uns selbst näher kommen.

Wer die KATMA-Essenzen einnimmt, kann bald die unterschiedlichsten Auswirkungen spüren. Möglich ist, daß Sie geistig sehr aufgeweckt sind, aber auch, daß Sie sich für eine Zeit müde und kraftlos fühlen. Sie werden vielleicht besonders intensiv träumen, ungewöhnliche Begegnungen und Vorahnungen haben. Ein Problem, vor dem Sie schon sehr lange stehen, erscheint Ihnen auf einmal in einem anderen Licht, und Sie können es nun „er-lösen". Oder aber Sie haben starke Eingebungen, und es drängt Sie, diese zu leben. Hier nun ein paar Gedanken von Katrin Martin:

„Ich beschäftigte mich schon lange Zeit mit den geistigen Heilmethoden. Während meiner Heilpraktikerausbildung faszinierte mich besonders der feinstoffliche Bereich der Heilkunde wie die Bachblüten oder die Homöopathie, die ich in mein Leben wie selbstverständlich einbaute. Ich habe viel erkannt, bin bewußter geworden, doch ich konnte meine Erkenntnisse nicht auf den Boden, in die materielle Welt, umsetzen. Ich weiß nicht, warum das so war. Vielleicht sind wir im Laufe der Zeit noch verhärteter geworden, tragen einen noch dickeren Panzer um uns; oder aber unsere Umwelt nimmt auch den Pflanzen allmählich ihre Kraft.

Und so begann ich, mich intensiver mit den Edelsteinessenzen zu beschäftigen. Ich machte Aufzeichnungen über meine Erfahrungen, probierte, experimentierte und stellte fest, daß ich mit Hilfe der Steine die Dinge, die schon lange in mir waren, umsetzen konnte. Ich spürte, wie mir der Spagat zwischen meinen Wünschen und der materiellen Wirklichkeit immer besser gelang. Heute denke ich, daß sich der Unterschied im Empfinden verschiedener Schwingungsmittel logischerweise aus den „Materialien" ergibt, die man für die Herstellung verwendet.

Eine Brücke bauen

Bei den Blütenessenzen wird – wie der Name bereits sagt – die Blüte, also „der Kopf" der Pflanze, für die Herstellung der Essenz genutzt. Hier erfährt die Pflanze ihre Krönung und die höchste Energieschwingung. Diese hohen Schwingungen aber waren es, die bei mir die Erkenntnisse nur auf der oberen Ebene klicken ließen. Weil ich aber mit beiden Beinen auf der Erde stehen mußte und ein Erdenbürger bin, schaffte ich die Verbindung zwischen Kopf und Erde nicht. Ich konnte die Erkenntnisse und Einsichten – die mir oft nur als „Kopfgeburten" erschienen – nicht mit der alltäglichen Realität vereinen.

Die KATMA-Edelsteinessenzen halfen und helfen mir, eine Brücke zwischen der geistigen und der körperlichen Ebene zu bauen. Ich lerne bewußter zu sein, Probleme zu durchdringen und dann die gewonnenen Erkenntnisse mit Hilfe des Körpers auch umzusetzen. So können Einsichten Taten folgen. – Auch in der Behandlung können wir dieses Prinzip beibehalten.

Das heißt: Wir verwenden die geistige Essenz der Steine und den Steinkörper gemeinsam. Dies bietet vollkommen neue Möglichkeiten in der traditionellen Edelsteintherapie."

STEINE UND FARBEN

In unserem Leben kommt es darauf an, in welchem Licht wir Menschen und Dinge sehen. Und darum geht es unter anderem auch bei den KATMA Essenzen. Denn alle Steine zeigen sich uns in einem bestimmten Licht. Und das wiederum ist ein sichtbares Zeichen (ein Teil der Signatur) ihrer Eigenschaften.

Im Babylon, Griechenland und Persien der Antike und heute noch in Tibet und Indien wurden und werden Heilwasser und Nahrungsmittel – vor allem für den Kranken – vor der Einnahme mit Licht bestrahlt. – Inzwischen findet die Farbtherapie auch bei uns im hochindustrialisierten und ach so skeptischen Westen immer mehr Anhänger. Längst nämlich hat man auch die Wirkung von Farben auf unsere Psyche und den Körper wissenschaftlich erforscht und nachgewiesen.

Dabei ist klar geworden, daß die Energie der Farben nicht nur über die Augen wirkt, sondern daß wir sie sozusagen mit Haut und Haaren aufnehmen. Selbst bei Untersuchungen von Farbenblinden und sogar Menschen, die ihr Augenlicht ganz verloren haben, hat man eindeutige Reaktionen feststellen können. So wirkt etwa die Farbe

Blau grundsätzlich kühlend und beruhigend. Das macht sich bei den Patienten durch eine Senkung des Blutdrucks und eine Verminderung der Aktivität der Gehirnwellen bemerkbar. Rot dagegen regt an und aktiviert.

Die Biomedizin untersucht zur Zeit die Auswirkungen des Lichtes auf unsere Zellen. Für viele Wissenschaftler und Mediziner ist es längst kein Geheimnis mehr, daß wir von einer noch geheimnisvollen Energie, dem Licht, durchflutet werden. Nur so lassen sich die teilweise mit Lichtgeschwindigkeit übertragenen Informationen von Zelle zu Zelle in uns erklären.

Die Kraft des Lichtes

Und hier sind wir beim durchsichtigen Licht. Dieses Licht ist es, das wir in der Literatur mit Lebenskraft, Chi oder Prana oder auch Äther bezeichnen. In ihm ist alles enthalten. Und ohne diese Lebenskraft würden wir nicht existieren können. Wird dieses Licht gebrochen, werden für uns die sieben Strahlen in Form von Farben sichtbar, die wir zum Beispiel in einem Regenbogen finden. Die Farben sind also ein Teil dieses allumfassenden, lebensspendendes Lichtes um uns herum und in uns. Wenn wir einen Regenbogen betrachten, finden wir die drei Grundfarben: Blau, Rot und Gelb aus denen alle anderen Farben hervorgehen.

Jede Farbe hat ihre speziellen Eigenschaften. Und die spiegeln sich dann in der Natur, natürlich auch in den Edelsteinen, wider. In den KATMA Essenzen finden wir deshalb gleichzeitig eine „geistige Farbtherapie", denn unsere Edelsteine zeigen sich ja in den Farben des Regenbogens. Die feinstofflichen Informationen wirken über einen ganz speziellen Kreislauf.

Der feinstoffliche Energiekreislauf

Alles auf unserer Welt, also auch wir, wird durchflutet von einer Lebensenergie, dem Licht. Es fließt auf sogenannten Energiestraßen, die auch Meridiane genannt werden. Diese Straßen haben „Zufahrten", das sind die Akupunktur- oder Akupressurpunkte. Innerhalb dieses Straßensystems gibt es Energiezentren, in denen sich das Licht aufspaltet in eben diese Regenbogenfarben. Jede Farbe steht für eine bestimmte Energiequalität.

Diese Energiezentren werden Chakren genannt. Zusammen mit den Meridianen bilden sie den feinstofflichen Energiekreislauf. Es gibt – wie die Farben des Regenbogens – sieben Hauptzentren mit je einer Farbe und ein achtes Zentrum, welches das klare durchscheinende Licht symbolisiert. Natürlich verteilt sich unsere Lebensenergie über den gesamten Körper und so finden wir noch viele weitere Energiesammelstellen. Eingehen möchten wir auf die an den Händen und Füßen.

Die Hand- und Fußzentren

Mit den Füßen stehen und bewegen wir uns auf der Erde. Sie verbinden unseren Körper mit dem Boden, der uns trägt und bringen uns von einem Ort zum anderen. Sie sind unser tiefster Punkt – die beweglichen Wurzeln. Sind die Fußzentren aktiviert, fühlen wir uns mit der Erde verwurzelt, sind geerdet und uns kann so schnell nichts umhauen. Die Hände dagegen helfen uns, auf direkte Weise zu materialisieren. Mit ihnen fassen wir an, erschaffen etwas und setzen es in die Welt. Die Turmalin-Essenz, die für die Verbindung zur Materie steht, wirkt besonders auf diese Zentren. Sie hilft uns, Gedanken, Wünsche und Ziele umzusetzten und zu verwirklichen.

DIE AURA, DER UNSICHTBARE MANTEL

Nach diesem kurzem Überblick über die Chakren kommen wir nun zu einem – für die meisten von uns – unsichtbaren Teil unseres Lebens zu sprechen: die Aura. Hier wieder eine sehr persönliche Erfahrung der Autorin:

„Schon seit Jahren beschäftigt mich diese geheimnisvolle Ausstrahlung. – Aber die Bücher, die ich zu diesem Thema las, irritierten mich mehr und mehr. Die teilweise äußerst komplizierten Begriffe und Beschreibungen fanden in mir keine Resonanz. Ich wollte mehr wissen. Und so begab ich mich auf die Reise des Sehens. Damals spürte ich – während der Behandlungen meiner Kundinnen – ganz deutlich die Präsenz der Aura. Sie zeigte sich mir als eine Art Widerstand. Ich hatte die Fähigkeit, Störungen im Energiesystem zu empfinden und ausgleichen zu können. Es war bei Blockaden wie ein Zuviel an Energie, an anderen Stellen dagegen, kam es mir so vor, als würde meine Energie förmlich aufgesogen. Damals fühlte ich mich nach solchen Behandlungen oft schwach und ausgelaugt, weil ich mich nicht genügend geschützt hatte. Mit der Zeit entwickelte ich eine Technik, die mir half, fremde Energien nicht aufzunehmen.

Eines Tages geschah es: der unsichtbare Mantel wurde sichtbar. Es war während eines Vortrages, den ich schon nach den ersten Minuten langweilig fand. Um jedoch das Seminar nicht zu stören, entschloß ich mich, die Zeit abzusitzen. Und so ließ ich meine Gedanken schweifen und träumte vor mich hin. Plötzlich sah ich einen weißen Schein um die Kursleiterin, bei näherem Hinschauen erkannte ich auch einen bläulichen Schimmer rund um den Körper. Ich betrachtete diese farbigen Schleier und war fasziniert. Das also ist die Aura! Ich möchte die Aura so erklären:

Licht und Lebensenergie

Das Licht, die Lebensenergie, fließt über die Energiezentren in unseren Körper, verteilt sich über die Chakren und versorgt jede Zelle unseres Körpers mit der lebensspendenden Kraft. Ohne sie ist nichts möglich. Dieses Licht nimmt an Intensität nicht zu und nicht ab, es ist an keine materielle Quelle gebunden, sondern nährt im Gegenteil die Materie mit ihrer Kraft, erweckt sie zum Leben. Das Licht fließt also durch jede Zelle. Die Zellwände sind für diese Lebensenergie durchlässig. Und deshalb strahlen natürlich auch die äußeren Zellen das Licht nach außen ab.

Anders ist es bei Zellen, die krank oder tot sind. Sie sind krank, weil hier der Fluß der Lebensenergie gestört ist. Das kann auf eine Blockade, einen Stau im Energiesystem, schließen lassen. Die Folge ist beispielsweise eine verminderte Strahlkraft der Lebensenergie. Der logische Ausgleich: eine vermehrte Strahlung an anderer Stelle.

Beides nämlich, ein Zuviel, aber auch ein Zuwenig, hat Auswirkungen auf die Zellen und damit auf unsere Gesundheit. Heute mißt man schon die Zellstrahlung von Geweben, um dadurch Rückschlüsse auf Erkrankungen und eine entsprechende Therapie zu ziehen.

Die verschiedenen Schichten der Aura ergeben sich aus der Dichte der Schwingung. Die Übergänge sind fließend, jedoch spürt man zum Beispiel mit der Hand in bestimmten Abständen zum Körper kleine Widerstände, die die einzelnen Schichten unseres „Mantels" ausmachen. Im gesamten energetischen System besteht ein ständiger Energieaustausch, alles ist miteinander verbunden.

DER WEGWEISER

ZU DEN 7 CHAKREN, IHREN FARBEN UND STEINEN

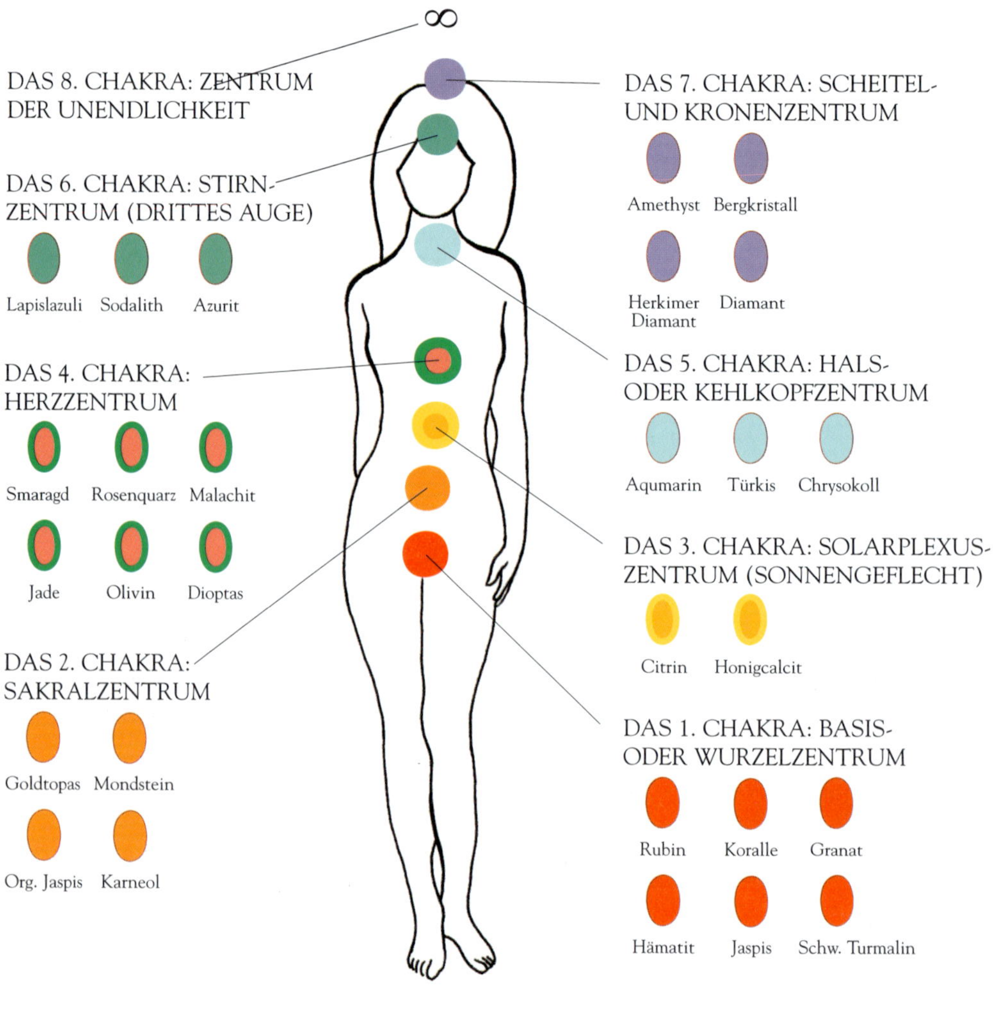

DAS 1. CHAKRA: BASIS- ODER WURZELZENTRUM

SELBSERHALTUNGSTRIEB UND LEBENSWILLE, LIEBE, KRAFT

FARBQUALITÄT: Rot
ENERGIEVERSORGER FOLGENDER BEREICHE:
Füße, Beine, Geschlechtsorgane, Knochen, Blut und Blutbildung, Darm, Zellaufbau

KORRESPONDIERENDE STEINE:
Rubin, Koralle, Granat, Hämamit, Jaspis, schwarzer Turmalin

KATMA-EDELSTEINESSENZ:
Rubin-Essenz, Turmalin-Essenz

DAS 2. CHAKRA: SAKRALZENTRUM

SEXUALITÄT, EMPFÄNGLICHKEIT, FRUCHTBARKEIT, REINIGUNGSVERMÖGEN, KREATIVITÄT, SPONTANEITÄT

FARBQUALITÄT: Orange
ENERGIEVERSORGER FOLGENDER BEREICHE:
Keimdrüse. Eierstöcke, Hoden und Prostata, Därme

KORRESPONDIERENDE STEINE:
Goldtopas, Mondstein, oranger Jaspis, Karneol

KATMA-EDELSTEINESSENZ:
Goldtopas-Essenz, Mondstein-Essenz

DAS 3. CHAKRA: SOLARPLEXUSZENTRUM

PERSÖNLICHKEIT, SELBST-BEWUSSTSEIN, DURCHSETZUNGSKRAFT, FREUDE

FARBQUALITÄT: leuchtendes Gelb, Sonnengelb
ENERGIEVERSORGER FOLGENDER BEREICHE:
Leber und Gallenblase, Magen, Bauch, Rücken, vegetatives Nervensystem

KORRESPONDIERENDE STEINE:
Citrin, Honigcalcit

KATMA-EDELSTEINESSENZ:
Citrin-Essenz

DAS 4. CHAKRA: HERZZENTRUM

HERZLICHKEIT, GROSSZÜGIGKEIT, OFFENHEIT, ZUNEIGUNG, SELSBTLOSE LIEBE, SANFTMUT, HARMONIE, VERTRAUEN

FARBQUALITÄT: Grün und Rosa
ENERGIEVERSORGER FOLGENDER BEREICHE:
Herz, Lungen, Brustkorb, Haut

KORRESPONDIERENDE STEINE:
Smaragd, Rosenquarz, Malachit, Olivin, Jade, Dioptas

KATMA-EDELSTEINESSENZ:
Smaragd-Essenz, Malachit-Essenz, Rosenquarz-Essenz

DAS 5. CHAKRA: HALS- ODER KEHLKOPFZENTRUM

KOMMUNIKATIONSFÄHIGKEIT, WACHSTUM, ENTWICKLUNGSBEREITSCHAFT

FARBQUALITÄT: Hellblau-türkis
ENERGIEVERSORGER FOLGENDER BEREICHE:
Stimmbänder, Luft- und Speiseröhre, Schilddrüse

KORRESPONDIERENDE STEINE:
Aquamarin, Türkis, Chrysokoll

KATMA-EDELSTEINESSENZ:
Aquamarin-Essenz, Chrysokoll-Essenz

DAS 6. CHAKRA: STIRNZENTRUM (Drittes Auge)

ERKENNTNISFUNKTION, GANZHEITLICHKEIT, HÖHERES LERNEN, VERARBEITUNG VON VERGESSENEN GEFÜHLEN, TIEFEN DER EIGENEN SEELE, INNERE WAHRNEHMUNG

FARBQUALITÄT: Leuchtendes Blau
ENERGIEVERSORGER FOLGENDER BEREICHE:
Gehirn, Augen, Ohren, Gesicht

KORRESPONDIERENDE STEINE:
Lapislazuli, Sodalith, Azurit

KATMA-EDELSTEINESSENZ:
Lapislazuli-Essenz

DAS 7. CHAKRA: SCHEITEL- ODER KRONENZENTRUM

KOSMISCHES BEWUßTSEIN, EIGENER WES, KONTAKT ZUM HÖHEREN SELBST, VERTRAUEN, ERKENNEN DER SPIEGELUNG ZWISCHEN INNERER UND ÄUßERER WELT, HELLIGKEIT,

FARBQUALITÄT: Violett, klar und durchsichtig
ENERGIEVERSORGER FOLGENDER BEREICHE:
Energie fließt durch den gesamten Körper

KORRESPONDIERENDE STEINE:
Amethyst, auch Bergkristall, Herkimer Diamant, Diamant

KATMA-EDELSTEINESSENZ:
Amethyst-Essenz, Bergkristall-Essenz, Herkimer-Essenz

DAS 8. CHAKRA: ZENTRUM DER UNENDLICHKEIT

EINHEIT, UNENDLICHKEIT

FARBQUALITÄT: Klar und durchsichtig
ENERGIEVERSORGER FOLGENDER BEREICHE:
Eintrittsstelle der Lebensenergie, die alle Körperzellen durchflutet. Alle anderen Zentren werden von hier genährt.

KORRESPONDIERENDE STEINE:
Bergkristall, Herkimer Diamant, Diamant

KATMA-EDELSTEINESSENZ:
Herkimer-Essenz, Bergkristall-Essenz

ALLES, WAS SIE ÜBER DIE ESSENZEN WISSEN MÜSSEN

Wie finde ich meine Essenz – Die Regenbogenmethode – Die „Stein-Essenz-Apotheke" – „Man nehme..." – Wasserglasmethode und Anwendungsfläschchen – Wegweiser zur eigenen Essenz – Als Goethe sich einmal selbst begegnete – Was wir gern verdrängen – Der richtige Zeitpunkt – Die emotionale Heilung.

DIE EIGENE ESSENZ FINDEN

Wie finde ich meine Edelstein-Essenz? Das ist zu Beginn die wichtigste Frage.

Lesen Sie in aller Ruhe die Wesensbilder der Essenzen. Das sind die Beschreibungen, die Sie für jede Edelstein-Essenz unter der Überschrift „das Wesen der Essenz" finden.

Fühlen Sie sich dabei spontan von einem Stein angesprochen, dann sollten Sie zugreifen! Auch wenn Ihr Kopf die manchmal extremen Beschreibungen nicht akzeptieren kann. Denken Sie immer daran: Es geht hier um die Veranschaulichung einer Tendenz.

Ein anderer Weg, sich den wunderbaren Kräften der Edelsteinessenzen zu nähern, ist die Regenbogenmethode. Wir nennen diese Methode so, weil hier die verschiedenen Essenzen entsprechend ihrer Zugehörigkeit zu den Energiezentren des Körpers genommen werden.

Sie überlassen bei dieser Methode Ihrem Selbst die Entscheidung, welche Essenz es benötigt und welche nicht. In allen Fällen ergibt sich auf diese Weise eine intensive Reinigung, Harmonisierung und Regulierung des gesamten feinstofflichen Energiekreislaufes.

Natürlich ist es auch möglich, zwei Essenzen gleichzeitig zu nehmen. Wir sind aber der Meinung, daß die Einnahme einer Essenz oder die Arbeit mit einem Stein zur gleichen Zeit am effektivsten ist. Die Schwingung des jeweiligen Steines ist so klarer und vermischt sich nicht mit der eines anderen. Und wir wissen alle, je klarer und deutlicher die Botschaft ist, je intensiver und unverfälschter kann das Ergebnis sein. Sie fühlen und erleben die Energie der jeweiligen KATMA Edelstein-Essenz besser und bauen eine intensivere Beziehung zum Wesen dieses Steines auf.

Tägliche Anwendung

Gehen Sie so vor: Für jede Essenz planen Sie eine Woche ein. Nehmen Sie täglich je einen Tropfen direkt aus der Flasche in ein Wasserglas.

Und noch etwas: Haben Sie keine Angst, etwas falsch zu machen! Die KATMA-Edelsteinessenzen sind Schwingungsmittel. Nur wenn die von Ihnen ausgetestete Essenz eine Affinität zu Ihnen oder zu bestimmten Bereichen in Ihrem Körper hat, kann sie ausgleichend wirken. Es ist wie ein Puzzle, entweder es paßt oder nicht.

Gesundheitliche Störungen haben Sie keinesfalls zu erwarten.

Vorschlag für eine ausgleichende Behandlung:

1. Woche: Rubin-Essenz (rot)
2. Woche: Goldtopas-Essenz (orange)
3: Woche: Citrin-Essenz (gelb)
4. Woche: Smaragd-Essenz (grün)
5. Woche: Chrysokoll-Essenz (türkis)
6. Woche: Lapislazuli-Essenz (dunkelblau)
7. Woche: Amethyst Essenz (violett)
8. Woche: Herkimer-Essenz (klar)

DIE DOSIERUNG DER KATMA-EDELSTEINESSENZEN

Mit den KATMA-Edelsteinessenzen erhalten Sie entnahmefertige Fläschchen, die Sie sogleich verwenden können. Darauf aber sollten Sie achten: Damit sich das Wirkungspotential der Essenzen vollständig entfalten kann, sollte jede KATMA-Essenz vor dem Gebrauch mindestens 7 x geschüttelt werden. So werden die feinstofflichen Energien von KATMA zusätzlich potenziert und können ihre Wirkungen

Unsere Empfehlung: die Wasserglasmethode

Geben Sie aus der jeweiligen KATMA-Originalflasche 3 bis 7 Tropfen in ein Wasserglas. Am besten eignet sich ein Quellwasser oder ein nur geringfügig mineralisiertes Tafelwasser ohne Kohlensäure. Rühren Sie dann das Ganze im Uhrzeigersinn um, aber verwenden Sie ausschließlich metallfreie Löffel, da sie die energetische Struktur der KATMA-Essenzen aufgrund ihrer Leitfähigkeit verändern.

Trinken Sie über den Tag verteilt 3 x täglich ein Glas mit ihrer KATMA-Essenz, also morgens, mittags und abends – und zwar am besten in der Zeit vor den Mahlzeiten. Wenn Sie die Zeit haben, ist es günstig, das Glas langsam und schluckweise auszutrinken.

Nehmen Sie je zwei Tropfen dreimal täglich – und zwar morgens, mittags und abends – vor den Mahlzeiten, bzw. auf nüchternen Magen. Wenn Sie die Rubin-Essenz einnehmen, sollten Sie die Abendgabe bis spätestens 17 Uhr zu sich nehmen- Haben Sie während der Einnahme der Essenzen das Gefühl, daß Sie die Behandlung unterbrechen möchten, dann tun Sie dies. Sie können zu Ihrem Zeitpunkt dann wieder beginnen. Auch das häufige Vergessen ist manchmal ein unbewußtes Zeichen dafür, daß Sie diese Essenz zur Zeit nicht mehr benötigen und vielleicht eine andere an der Reihe ist.

KATMA-Essenzen für Kinder

Sie können die KATMA Essenzen auch für Ihre Kinder verwenden. Allerdings sollten Sie dann die Dosierung reduzieren. Für Babys und Kleinkinder genügt 1 Tropfen aus der KATMA Flasche, älteren Kindern sollten Sie maximal 3 Tropfen in ein Wasserglas geben. Bei Kleinkindern und Babys hat sich auch die Mischung in Tee bewährt. Aufgrund der geringen Dosierung bei einem, maximal drei Tropfen in Glas oder Flasche brauchen Sie keine Sorgen wegen des Alkoholgehalts zu haben, da dieser sich auf ein absolutes Minimum reduziert.

WEGWEISER ZUR EIGENEN ESSENZ

Im KATMA-Kreis finden Sie Kurzbeschreibungen der durch unsere Essenzen repräsentierten Seelenbefindlichkeiten. Wir haben im Verlauf der jahrelangen Arbeit mit den Edelsteinen ausgesuchte Methoden entwickelt, die den KATMA Essenzen eben diese harmonische Wirkungsweise verleihen, die wir Ihnen in unserem Buch vorstellen. Sie alle wurden sorgsam ausgetestet und werden heute von Ärzten, Heilpraktikern und Therapeuten genutzt.

Die Ergebnisse unserer jahrelangen Forschungsarbeit waren verblüffend. Jeder Stein im KATMA-System entspricht in seiner Wirkungsrichtung einem Lebensthema von uns Menschen. Wegweiser zur passenden Essenz ist das aktuelle Empfinden, in dem immer ein Potential für Entwicklung und Entfaltung liegt.

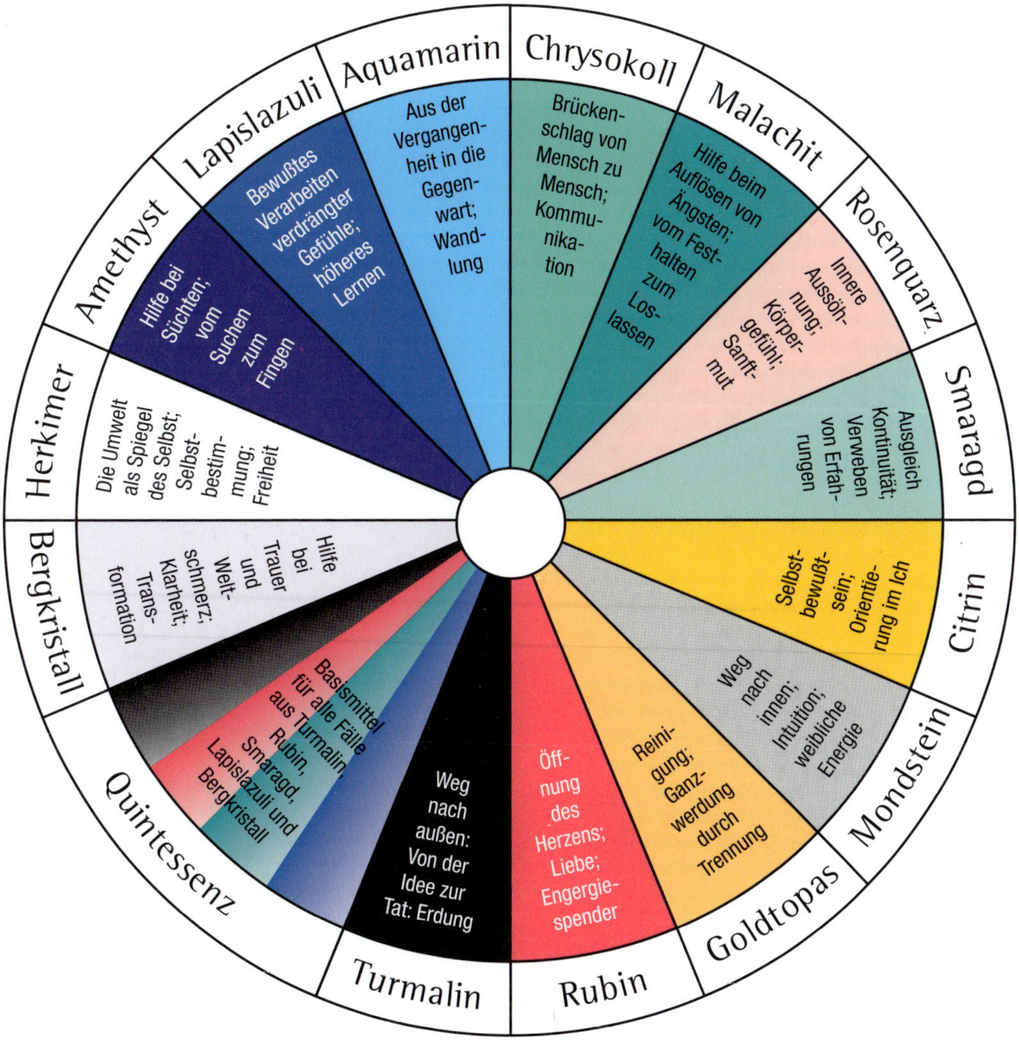

EIN BESONDERER WEG DER EDELSTEINKUNDE

Die KATMA-Edelsteinessenzen stellen einen besonderen Weg der Edelstein-Heilkunde dar, denn sie arbeiten auf der feinstofflichen Ebene. So hat auch der Nobelpreisträger Max Born festgestellt, dass jeder Stein über eine eigene Kristallstruktur verfügt, die in der Folge bestimmte Schwingungsmuster erzeugt. Diese Muster sind biologisch perfekt und heil, wirken ordnend und klärend auf alles Leben und werden mit den KATMA Essenzen wirksam aufbereitet. Gewonnen werden sie mit der Sonnenmethode, ein Verfahren, dass durch die Blütenessenzen des Dr. Bach bekannt ist. Aufgrund ihrer energetischen Signatur und des Resonanzgesetzes wirken die KATMA-Essenzen bei bestimmten Lebensthemen und helfen dabei, innere Potentiale zu entfalten. Durch diesen Prozess der Bewusstwerdung können wir uns aus eingefahrenen und einengenden Mustern befreien. Dann sind wir nicht mehr Opfer, sondern Schöpfer unseres Lebens.

Mit KATMA unterwegs

Sehr erfolgreich können die KATMA Essenzen auch unterwegs eingesetzt werden. So hilft die Smaragd-Essenz nach langen Reisen allen Jetlag-Geplagten, die Balance zwischen Körper und Seele wieder herzustellen. Denn es heißt ja nicht umsonst, dass der Körper schneller reist, als die Seele. Sie braucht immer ein paar Tage länger, um an dem neuen Ort anzukommen.

KATMA und Feng Shui

Ein jeder hat es schon einmal erlebt: Wir betreten einen Raum und fühlen uns spontan wohl. Feng Shui heißt die Lehre aus China, die dieser Intuition eine Sprache verleiht. Aus Sicht der Harmonielehre ist es für unser Wohlbefinden wichtig, dass uns Räume mit den Energiequalitäten versorgen, die wir gerade für unsere Entwicklung benötigen. Mit den KATMA-Essenzen gelingt es, Räumen eine energetische Ausrichtung zu verleihen, die uns individuell fördert. So erschafft die Rubin-Essenz eine liebevolle Atmosphäre, während Smaragd die Zeit der Rekonvaleszenz nach Phasen der Krankheit unterstützt und die Katma -Goldtopasessenz die Luft nach einem Streit reinigt. Um Ihre Räume mit KATMA aufzuladen, geben Sie ein paar Tropfen der gewünschten Essenz in einen Zimmerbrunnen oder besprühen den Raum mit einem Zerstäuber.

WESENSBILDER DER EDELSTEINESSENZEN

In seinen biographischen Schriften hat Goethe berichtet, daß er auf einem Spaziergang einmal sich selbst begegnet sei. – Daran hat das Autorenpaar bei der Arbeit an diesem Buch oft denken müssen. Denn beim intensiven Umgang mit den KATMA-Edelsteinessenzen begegnet der Mensch ebenfalls sich selbst.

Das freilich stellt sich nicht bei jedem auf Anhieb ein. Ja, es ist durchaus möglich, daß Sie am Anfang wenig oder sogar nichts empfinden werden. Aber bedenken Sie stets: Die Wirkung liegt im feinstofflichen Bereich. Und bei der überwiegenden Mehrheit von uns allen ist dieser Teil jahrelang systematisch verdrängt worden. Wir müssen erst wieder lernen, die Türen zu diesem, in tiefes Dunkel getauchten, Bezirk zu öffnen. Den Schlüssel dazu geben uns die KATMA-Edelsteinessenzen in die Hand.

Doch nun kommen wir zu unserer Gliederung, die Sie in jedem Kapitel wiederfinden. Wir starten mit der:

Wesensmelodie

Jedes Seelenbild-Kapitel beinhaltet eine Tonfolge, eine kleine Melodie. Das war keineswegs geplant, als wir mit diesem Buch begannen. Aber als meine Lebensgefährtin den nun folgenden Abschnitt niederschrieb, da erklang wie von selbst in ihr für jeden Stein eine ganz eigene Melodie. Alles, was uns begegnet und von der Natur geschaffen wurde, hat eine spezielle Ausstrahlung. Diese Ausstrahlung manifestiert sich in verschiedenen Bereichen. Sie gibt sich uns als Farbe, Form, Struktur, als Bild oder eben auch als Melodie zu erkennen. Katrin Martin erinnert sich an eine kleine Geschichte, die verdeutlicht, was wir meinen:

„Ich habe einmal über einen Stamm gelesen, der tief in den Urwäldern Südamerikas lebte und eine alte Tradition pflegte. Wenn bei diesen Indios eine Frau fühlt, daß die Zeit für ein Kind gekommen ist, trennt sie sich für ein paar Tage, von ihrem Stamm und zieht sich in die Einsamkeit zurück. Für viele Stunden, ja manchmal Tage setzt sie sich unter einen Baum und lauscht der Schöpfung: dem Rauschen der Bäume, dem Plätschern des Flusses und dem Gesang der Vögel. Sie wartet, bis sie in sich eine Melodie vernimmt. Diese Melodie nimmt sie auf und summt sie vor sich her. Sie hat Kontakt mit der kleinen Seele aufgenommen, die sie gebären wird. Noch immer summend kehrt sie zurück zum Stamm und singt endlich ihrem Mann die Melodie vor. Nun haben sie beide Verbindung zu der Seele, die sich entschieden hat, unter dem Dache dieses Paares zu wohnen... – Mann und Frau

summen auch während der Schwangerschaft immer wieder diese Melodie, alleine und zu zweit. Bei der Geburt wird sie dem Kind vorgesungen. Denn es ist ja sein Lied. Es soll das Kind sein gesamtes Erdenleben über begleiten. Oder, wie die Indios sagen: Wir haben es nur daran erinnert, daß es diese Melodie von daheim mit auf die Erde gebracht hat..."

Wie Indio-Kinder so haben auch Steine ihre ganz bestimmte Wesensmelodie. Sie zu hören und in Noten zu kleiden war Katrin Martin in besonderer Weise befähigt. Acht Jahre wurde sie am Konservatorium zur Violinistin ausgebildet.

Das Wesensbild

Wir wissen nun längst: Die Behandlung mit den KATMA-Edelsteinessenzen zielt auf geistige Heilung und Selbsterkenntnis ab. Alles, was in der Natur existiert, trägt die Fähigkeit der Heilung in sich, egal ob Pflanze, Stein oder Tier. Denn alles unterliegt der Idee des Wachstums und der Veränderung und damit auch dem Bewußtsein. Katrin Martin: „Bei meinen Heilsteinen habe ich besonderen Wert auf die Wesenszüge der Steine gelegt. Ich habe versucht, diese geistigen Informationen anhand von menschlichen Verhaltensweisen zu erklären, um ein möglichst anschauliches Bild zu geben. Jedoch sind in diesen Bildern natürlich immer nur Beispiele und Tendenzen beschrieben, die eine große Spannweite aufweisen.

So geht es beispielsweise etwa beim Aquamarin um die geistige Flucht in die Vergangenheit mit dem Ziel, sich einer natürlichen Entwicklung zu entziehen. Bei einer solchen Problematik ist dieser Stein empfehlenswert. Damit freilich ist seine Qualität noch lange nicht erschöpft. Aber alles und jedes aufzuführen, würde des Rahmen dieses Buch sprengen. Und Sie selbst sollen ja mitwirken. – Mit ein wenig Gespür werden Sie bald Ihre eigenen Erfahrungen gesammelt haben. Sie können ohne Furcht sein, denn die Wirkung der Edelsteinessenzen ist sanft und subtil. Entspricht eine Essenz im Augenblick nicht Ihrem feinstofflichen Muster, wirkt sie nicht. Und zwar weder positiv noch negativ. Probieren Sie dann einfach eine andere.

Begleitsätze

Da der Prozeß der emotionalen Heilung stets mit dem Erkennen und Auflösen alter Verhaltensstrukturen zusammenhängt, können wir durch eine zielgerichtete Verstärkung in unserem Bewußtsein den Erkenntnisprozeß unterstützen. Unser Vorschlag: Schreiben Sie bestimmte Sätze, die für Ihren Weg wichtig sind, auf kleine Kärtchen und verteilen Sie diese in Ihrem Haus. Das Bewußtsein nimmt unsere Gedanken als Tatsache hin und beeinflußt entsprechend unser Sein.

Wir haben daher zu jeder Essenz einige Programmierungssätze zusammengestellt. Sie entsprechen den Grundaussagen der Edelsteinessenzen. Auch diese Sätze sind nur als Anregung zu verstehen. Wenn Sie nun meinen, daß kein Satz so recht zu Ihnen paßt, schreiben Sie Ihren eigenen. Sie können selbstverständlich auch Ergänzungen und Veränderungen vornehmen.

Wichtig ist nur, daß Ihr Satz eine positive Grundaussage enthält. Schreiben Sie also nicht: „Ich lebe nicht mehr in der Vergangenheit!" – sondern: „Ich lebe in der Gegenwart!"

Beide Aussagen sind eigentlich identisch. Aber die zweite ist positiv, während die erste eine Verneinung enthält.

Die Traumbilder

Zu jeder Essenz haben wir ein Traumbild gestellt. Diese kleine Meditation beinhaltet einen wesentlichen Aspekt der jeweiligen Edelstein-Essenz. Wenn Sie sich von unserem Traumbild angesprochen fühlen, können Sie es in Ihre Behandlung einbauen, indem Sie täglich für ein paar Minuten die Augen schließen und innehalten. Lesen Sie vorher den Abschnitt ein paar mal durch und erleben Sie in Ihrem Inneren dann diese Bilder. Sie alle sind als Anregung zu verstehen. Es wäre schön, wenn Sie ab und zu Ihre ganz eigenen Reisen erleben.

Sie können sich auch von einer Kassette, die Sie vorher besprochen haben, führen lassen.

KÖRPER UND STEIN

Alle Behandlungen mit den Edelsteinessenzen zielen also auf die emotionale Heilung ab. Die Energien der Essenzen wirken direkt auf unser energetisches System. Da aber Krankheiten zuerst auf der feinstofflichen Ebene entstehen, kann es durchaus vorkommen, daß mit der emotionalen Heilung auch die körperliche eintritt.

Es ist kein Einzelfall (und auch kein Zufall), wenn nach der Behandlung mit feinstofflichen Mitteln ein Symptom oder eine chronische Erkrankung plötzlich verschwindet. Die Bachblüten- und die Edelsteintherapie kennen eine Vielzahl solcher Beispiele. Wenn wir uns das Wesen der Krankheit vor Augen führen, ist das logisch und normal. Das Problem, das sich auf der körperlichen Ebene als Symptom zeigen mußte, hat sich im energetischen System gelöst. Darum muß es sich auch nicht mehr bei uns melden.

Hinweise zu unseren Tips

Hier haben wir einige Anwendungsmöglichkeiten der KATMA-Edelsteinessenzen und der Steine selbst gesammelt. Das Angebot reicht vom Vollbad bis zum Raumspray und Muntermacher für Zimmerpflanzen. Auch an dieser Stelle sei's wieder betont: Nehmen Sie auch diese Tips als Anregungen, nicht aber als Anweisungen. Lassen Sie weg, was Ihnen nicht paßt, fügen Sie hinzu, was immer Ihnen einfällt. Entscheidend sind stets Ihre eigene Intuition, die Sie ja entwikkeln wollen, und Ihre Erfahrungen. Wir wollen Ihnen nun nur noch einige Grundregeln nahe bringen. Welche Vorbereitungen sind zu treffen, bevor Sie in ein ausgleichendes Smaragd-Bad tauchen, wieviele Tropfen der Edelsteinessenzen benötigen Sie für ein Fußbad?

Für ein Bad

1

Edelsteinölbad mit der Essenz: Lassen Sie das Badewasser einlaufen. Geben Sie 7 – 10 Tropfen der Edelstein-Essenz in einen halben Liter warmes Wasser. Füllen Sie dies nun in eine Flasche oder in ein Glas mit Deckel. Dann geben Sie einen Eßlöffel Öl in das Gefäß – am besten Jojobaöl – schütteln Sie alles gut durch, und gießen Sie es dann ins fertige Badewasser.

2

Edelsteinölbad mit den Rohsteinen: Geben Sie einen mittleren oder auch einzelne kleinere Edelsteinkiesel in das Gefäß und gießen sie wieder einen halben Liter warmes Wasser darauf. Nun geben Sie den Eßlöffel Öl hinzu und lassen das Ganze ungefähr 24 Stunden stehen, damit der Stein die nötige Zeit hat, seine Kräfte mit dem Wasser zu verbinden.

3

Milch-Honig Bad: Eine andere Möglichkeit für ein Wohlfühlbad ist die Verwendung von Milch und Honig, angereichert mit einigen Tropfen Edelstein-Essenz. Besonders gut eignen sich hier Amethyst, Herkimer-Diamant, Bergkristall, aber auch der Smaragd. Geben Sie eine Tasse Honig (naturrein) in dreiviertel Liter warme Milch, dazu einige Tropfen der Edelstein-Essenz Ihrer Wahl. Vermischen Sie alles gründlich, geben Sie nun diese Schönheitsmixtur in das Badewasser und lassen Sie es sich gut gehen.

Übrigens: Wenn Sie einen entsprechenden Stein besitzen, dann können Sie ihn in etwas Wasser ein bis zwei Tage vor dem Bad ansetzen, und dieses Edelsteinwasser statt der Tropfen verwenden.

4

Thalasso-Edelstein-Bad: Dieses Meeresbad („thalasso = griech. Meer) mit den KATMA-Essenzen oder einem Rohstein hat eine entstressende und entgiftende Wirkung. Dem ungefähr 33 Grad warmen Bad werden Meeressalz und fünf Tropfen der gewünschten Essenz hinzugefügt.

Für Umschläge und Packungen:

1

Umschläge: Nehmen Sie einen Stein Ihrer Wahl und übergießen Sie ihn mit heißem Wasser (es darf aber nicht kochen), lassen Sie dieses Steinwasser einige Minuten stehen. Nun bereiten Sie mit einem Handtuch einen Umschlag, und legen ihn auf die zu behandelnde Stelle.

Bereiten Sie je nach Bedarf einen kalten oder heißen Umschlag. Verteilen Sie dann fünf bis sieben Tropfen der Essenz auf das Tuch, und legen Sie es auf.

2

Edelsteinpackungen: Auch Hautpackungen können Sie mit den KATMA-Essenzen bereiten. Die Möglichkeiten sind hier unbegrenzt. Besonders empfehlen möchten wir an dieser Stelle die Anwendung der Essenzen in Verbindung mit Heilerde. Rühren Sie dazu in einem Schälchen etwas Erde mit Wasser an, und gießen Sie dann etwa drei Tropfen der gewünschten KATMA-Essenz dazu.

Nun tragen Sie das Ganze auf die gereinigte Haut auf, decken es mit einem feuchten Tuch ab, und lassen es für etwa 10 bis 15 Minuten einwirken. Mit viel Wasser abwaschen.

…und für Hand- und Fußbäder:

3

Auch hier kennen wir wieder zwei Möglichkeiten der Zubereitung. Wenn Sie die Edelsteinessenzen verwenden, geben Sie bitte 3 Tropfen in das Hand- oder Fußbad.

Wenn Sie die Essenzen nicht haben, verwenden Sie einen Rohstein nach Wahl und übergießen Sie ihn mit heißem Wasser.

Wenn das Bad eine angenehme Temperatur hat, können Sie beginnen. Sie brauchen den Stein dann nicht aus dem Wasser nehmen.

Einen separaten Ansatz stellen Sie her, indem Sie den Rohstein für mindestens 24 Stunden in einem Glas mit Wasser stehen lassen. In diesem Fall geben Sie die Mischung dann einfach in das Fußbad.

Edelsteinwasser für alle übrigen Anwendungen

4

Diese Ansätze können Sie für Haare, Augen, Zimmerpflanzen, als Raumbefeuchter, Gesichtswasser verwenden.

Hier nehmen Sie folgendes Mischungsverhältnis: Auf einen Viertel Liter destilliertes Wasser geben Sie 6 bis 9 Tropfen aus der Originalflasche der KATMA-Edelsteinessenzen.

Rechnen Sie die Dosis je nach Anwendung um. Füllen Sie diese Mischung in ein geeignetes Gefäß (zum Energetisieren von Räumen oder Bettwäsche, aber auch als Pflanzenspray, eignen sich am besten die Sprühflaschen) und schütteln sie alles 21 Mal. Der Aufbewahrungsort sollte kühl und halbdunkel bis dunkel sein.

DER TURMALIN

Der Turmalin ist in seiner Schönheit und Vielfalt kaum zu übertreffen. Wir kennen ihn in den unterschiedlichsten Farben, angefangen von Blau, Rosa, Grün und Schwarz bis hin zu den gemischtfarbigen Steinen. Hier finden wir zum Beispiel den Regenbogenturmalin, der die Farben des gesamten Farbspektrums enthält, und den Wassermelonenturmalin, der in seinem Querschnitt tatsächlich an eine Wassermelone erinnert, da er außen grün und innen rot ist.

DAS WESEN DER ESSENZ

Die Turmalin-Essenz habe ich aus dem schwarzen Stein gewonnen. Schwarz ist die Dichteste und dadurch Dunkelste im Reich der Farben. Traditionell wird sie oft mit negativen Dingen in Verbindung gebracht. Völlig zu Unrecht, wie der Leser gleich erfahren wird. Denn die Farbe Schwarz symbolisiert die Materie an sich. Wir erinnern uns, die Materie ist die dichteste Form der Energie. Darum ist gerade der schwarze Turmalin ein Symbol für all das, was sich verwirklichen soll. Seine Essenz steht unter anderem für die Materialisation in unserer Welt. Sie beschreibt den Weg nach Außen und hilft uns, Gedankenkonzepte und Ideen zu verwirklichen.

Im Turmalin-Zustand

Der Mensch, der von Ideen nur so sprudelt, sie aber nicht in die Tat umsetzten kann, soll hier als Beispiel dienen. Er hat sich in seine innere Welt zurückgezogen und möchte oder kann nicht wirklich am äußeren Leben teilnehmen. Er nimmt immer wieder Anlauf, hat neue, oft hervorragende Ideen, bremst dann jedoch kurz vor deren Verwirklichung ab. Er bekommt seine Füße nicht auf den Boden, um seine Gedanken in der materiellen Wirklichkeit zu manifestieren.

Viele dieser Menschen erscheinen uns sehr zart, oft haben sie auch einen leichten Gang, ja man könnte sagen, sie schweben fast über den Boden.

Turmalin-Menschen scheinen der Entwicklung immer etwas voraus zu sein. Äußerlich erkennen wir sie auch an ihrem langsamen Gang, manche haben eine leise Stimme und sind feingliedrig gebaut.

Einige leiden sehr unter diesem Zustand, sie möchten ihrem inneren Reichtum an Ideen auch den äußeren folgen lassen. Doch es gelingt ihnen nicht. Alles zerrinnt wie Sand in ihren Händen. Die innere Stimme ist schon erweckt, doch was sie sagt, kann noch nicht umgesetzt werden. Manchmal liegt es auch daran, daß die materiellen Gegebenheiten für die Umsetzung noch nicht vorhanden sind.

Die Turmalin-Essenz unterstützt die folgenden Aspekte der Persönlichkeitsentwicklung:

- Wege nach außen
- Umsetzung geistiger Inhalte und Erkenntnisse in die materielle Wirklichkeit
- Ernte: man erntet, was man zuvor geistig gesät hat
- Die Fähigkeit, geistige Welt und materielle Welt zu verbinden
- Lösung von tiefen Schocks und Traumata
- Erwachen aus einer inneren Betäubung.

DER WEG NACH AUSSEN

Der Irrtum der Persönlichkeit beruht auf der Verweigerung, am aktiven Leben teilzunehmen. Die Turmalin-Essenz hilft hier, die geistige Ebene, die gedanklichen Muster, mit den materiellen irdischen Gegebenheiten in Einklang zu bringen.

Viele Kinder, die in der Schule Schwierigkeiten haben, brauchen die Turmalin-Essenz. Sie wirken verträumt und gelten deshalb als etwas zurück. Der Grund dafür ist den Eltern und Lehrern leider selten bekannt: Das Kind ist in einer vollkommen anderen Raum-Zeit-Realität gefangen. Es befindet sich auf einer anderen Schwingungsebene, es empfängt sozusagen einen anderen Sender.

Da das Kind auf Impulse und Fragen häufig gar nicht reagieren kann, gilt es als dumm. Die Aufgabe der Erwachsenen heißt in diesem Fall, sich auf das Kind einzustimmen und es nicht auf unsere Ebene zu zwingen. Das könnte zu einer Persönlichkeitsspaltung führen. Jetzt ist es wichtig, den Druck von dem Kind zu nehmen und mit ihm in seiner Sprache zu sprechen. Wir sollten es durch Verständnis für sein Erleben ganz zart zu uns holen – ihm aber auch ein Stück entgegengehen.

Um sich auf die Ebene des Kindes einzustimmen, kann uns die Mondstein-Essenz (siehe Seite 54) eine Hilfe sein. Dem Kind können wir durch natürliche Methoden helfen, sanft auf die Erde zu kommen. Die Beschäftigung mit den Pflanzen im Garten, das Säen in die Erde, das Erleben, wie die Pflanzen wachsen... all das kann dem Kind helfen, sich allmählich unsere Welt zu erschließen.

Die Entwicklung beginnt

Überall dort, wo der Eintritt in unsere materielle Welt erschwert ist, baut die Turmalin-Essenz Brücken. Wo Gedanken immer nur Gedanken bleiben, die nicht umgesetzt werden können, hilft die Turmalin-Essenz mit ihrer Kraft.

Auch hilft sie uns, sprirituelle Energie zu erden. Menschen, die gerade ihre Spiritualität entwickeln, fixieren sich oft fast ausschließlich darauf. Hier befähigt der Turmalin, den Spagat zwischen materieller und geistiger Welt zu halten und dadurch die Harmonie von Körper und Seele zu entwickeln.

Doch die Essenz des Turmalin besitzt noch andere Fähigkeiten. Sie kann uns vor äußeren, für uns negativen oder gar bedrohlichen Einflüssen schützen.

Wenn wir zum Beispiel ein unangenehmes Gespräch vor uns haben, können wir die Turmalin-Essenz einnehmen, den Stein bei uns tragen oder auch einen Ring mit einem Turmalin auf unseren Finger stecken.

TRAUMBILD TURMALIN

Noch bin ich ganz tief in mir.
Ich hatte mich versteckt.
Doch ab jetzt will ich mehr und mehr am äußeren Leben teilnehmen.
Ich möchte meine Gedanken und Ideen in die Welt setzen.
Ich werde säen.
Deshalb komme ich aus meinem inneren Versteck hervor und betrete die Welt.
Ich spüre den Boden unter meinen Füßen, er gibt mir Halt.
Ich brauche keine Angst hier draußen zu haben, denn auch da bin ich aufgehoben und werde geführt.
Ich nehme meine Gedanken, meine Ideen, meine Liebe und meine Freude und forme sie zu kleinen Samen. Sie sind noch ganz zart.
Ich setzte sie in die Erde. Nun können sie wachsen.
Alle helfen, damit die Saat aufgeht.
Die Sonne, der Mond, das Wasser, die Luft und die Erde. Alles wächst heran.
Bald kann ich ernten.

Der Stein hält die negativen Energien von uns fern. Wenn die Kraft und Energie wieder zu uns zurückgekehrt sind, können wir uns dann mit der Tatsache beschäftigen, warum wir diese negativen Empfindungen haben und warum wir ihnen auf verschiedene Weise begegnen. Jetzt kann die Herkimer-Essenz eine wichtige Unterstützung sein, die Spiegelfunktion der Umwelt zu erkennen (siehe Seite 110).

Alte Muster überwinden

Auch der nun folgende Zustand kann mit der Turmalin-Essenz erfolgreich ausgeglichen werden: Die meisten Menschen erleben im Verlaufe ihres Lebens tiefe Schocks und seelische Verletzungen. Es ist dabei nicht von Bedeutung, ob das vor oder während der Geburt oder später im Verlaufe des Lebens geschah. Jeder Schock, jedes Trauma hinterlassen Spuren in uns, auch wenn sie nicht auf Anhieb sichtbar sind. Einige unter uns sind in der Lage, sie sofort oder recht bald durch bewußtes Erleben der Gefühle aufzulösen. Das entspricht dem positiven Mondsteinzustand. Andere können das nicht. Und hier kommen wir zum negativen Turmalin-Zustand.

Die Erschütterung unserer Psyche führt zu einer Verzerrung des energetischen Systems. Als Folge davon ziehen sich manche Menschen in sich selbst zurück. Sie fallen in eine Art Dämmerschlaf und fühlen sich innerlich wie betäubt. Jahre oder Monate später kann sich dieser Zustand körperlich manifestieren.

Zumeist aber wird diese Erkrankung dann nicht mehr in einen Zusammenhang mit dem psychischen Erleben gebracht. Durch eine begleitende Behandlung mit der Turmalin-Essenz können sich diese energetischen Schocks lösen und die daraus entstandenen Symptome plötzlich verschwinden. Erst dann wird der Zusammenhang klar.

Unterscheidung bei Schock

1. Mondstein-Essenz: Hilft bei der gefühlsmäßigen Verarbeitung von Schocks und Verletzungen, die eben erst geschehen sind. Durch das bewußte Erleben wird eine Energieblockade im energetischen System meist nicht nötig (siehe Seite 54).

2. Smaragd-Essenz: Sorgt für das Gleichgewicht im energetischen System sowie für die Balance von Körper und Geist. Kann als Sofortmittel bei aktuellen Schocks eingenommen werden. Bei Schocks, die durch die Turmalin-Essenz behandelt werden, sollten Sie die Smarargd-Essenz einmal wöchentlich nehmen. Dadurch wird zwischendurch immer wieder das Gleichgewicht hergestellt, Erfahrungen werden gefestigt und verwoben. Diese Funktion des Verwebens bietet die Smaragd-Essenz in jedem Fall, also auch während der Einnahme der anderen Edelstein-Essenzen (Seite 66).

3. Turmalin-Essenz: Schocks sitzen tief und haben zu seelischen Blockaden geführt. Sie äußern sich manchmal in einer Art innerer Betäubung, haben sich vielleicht schon körperlich manifestiert. Man kann nichts mehr so recht empfinden. Die Turmalin-Essenz läßt alte tiefe Wunden heilen.

KÖRPER UND STEIN

Der Turmalin hat starke magnetische Kräfte. Das macht ihn zu einem sehr wichtigen Heilstein. Mit dieser Kraft gelingt es ihm, Verspannungen im Körper zu lösen. Der Turmalin ist der Stein, der uns in besonders starkem Maße mit der Erde und mit der Materie verbindet. Er hilft uns in allen Bereichen, bei denen wir direkt in den Kontakt mit der Materie treten. Es kann also sein, daß sich der Klang einer bisher zarten und luftigen Stimme verändert, daß sie erdhafter wird. Oder aber, daß unsere Fingernägel stärker nachwachsen. Auch Gelenkschmerzen können gelindert werden. Das Auftreten der Umwelt gegenüber wird bodenständiger und bewußter - man ist präsenter in der Welt.

Was die Essenz bewirken kann

Die Turmalin-Essenz wirkt auch besonders auf die energetischen Bereiche an den Händen und Füßen. Mit den Füßen treten wir in die Welt, mit den Händen packen wir sie an. Die Energie, die uns direkt mit der Umwelt in Kontakt bringt, wird stärker bewegt und angeregt.

1

Man kann zur Intensivierung, wie bei jeder anderen Essenz auch, die Hände und Fußsohlen mit der Essenz besprühen oder massieren. In diesem Fall brauchen wir nur mit dem Stein oder mit der Essenz, die vorher in Wasser gelöst wurde (siehe Seite 35), die entsprechenden Stellen leicht zu massieren. Durch die magnetische Kraft des Turmalin wird nun der Energie- und damit auch der Lymphfluß im Körper angeregt.

2

Das Wesen des Turmalin steht für den Kontakt zur Erde. Deshalb korrespondiert er auch mit unserem Basiszentrum (siehe Seite 24/25), das ebenfalls für die Erdung steht. Wer die Turmalin-Essenz zu sich nimmt, wird spüren, wie er zunehmend mehr verwurzelt ist. Er wird empfänglicher für sinnliche Reize. Unsere Hände werden feinfühliger, wir spüren den Boden unter unseren Füßen, den wir früher nicht bewußt wahrgenommen haben.
Auch für die sinnliche Liebe können wir uns zunehmend öffnen.

Heilende Impulse

1

Wenn Sie den Kontakt zur Materie herstellen oder auch verstärken wollen, können Sie sich zum Beispiel einige Tropfen Turmalin-Essenz direkt auf die Fußsohlen sprühen. Auf unseren Fußsohlen enden die Meridiane, die Energieleitbahnen des Körpers. An den Endpunkten befinden sich Eingangspforten in diese Energiestraßen.
Die Turmalin-Essenz verstärkt so auf diesem Weg den Kontakt zwischen der Erde und unserem Körper.

2

Bei der Verarbeitung seelischer Traumata können Sie einen Freund und Begleiter sehr gut gebrauchen. Nehmen Sie den Turmalin, er kann Ihr persönlicher Talisman sein. Vergessen Sie aber nicht, ihn täglich einmal zu reinigen, damit auch er sich von der negativen Energie befreien kann.
Halten Sie ihn einfach unter fließendes kaltes Wasser und legen Sie ihn ab und zu in die Sonne.

3

Für ein liebevolles Wochenende kann der Turmalin als Stein oder Essenz die Sinnlichkeit steigern. Nehmen Sie ein Bad, sprühen Sie die neue Seidenbettwäsche ein, oder legen sie einfach einen Stein in Ihre Nähe.

4

Das Gefühl für die Erde, als Symbol der Materie, können wir entwickeln, indem wir uns zum Beispiel im Garten beschäftigen. Das Säen von Samen und das Beobachten der heranwachsenden Pflanzen können in uns ein Gefühl von Vertrauen und Geborgenheit in die Schöpfung entstehen lassen. Vertrauen kann die Kraft geben, uns zu verwirklichen.

5

Für die Entwicklung des Erdbewußtseins empfehlen wir Ihnen ebenfalls Heilerdeanwendungen. Sie können diese Packungen auf beliebige Körperbereiche streichen, besonders günstig für die Erdung sind der Rücken, die Füße und die Hände. Geben Sie etwas Erde (gibt`s im Reformhaus) in eine Schale und rühren Sie tropfenweise das Wasser hinein, solange bis ein Erdbrei entstanden ist. Zum Schluß fügen Sie 5 Tropfen Turmalin-Essenz und 5 Tropfen Olivenöl hinzu.

Für eine Rückenpackung tragen Sie die Mischung etwa 10 Zentimeter rechts und links der Wirbelsäule auf und lassen sie für ungefähr 15 Minuten einwirken.

Während der Einwirkzeit sollten sie sich entspannen. Schützen Sie die Packung mit Frischhaltefolie und decken Sie sich zu.

6

Auch Barfußgehen auf einer Wiese oder auf einem Waldboden ist für die Entwicklung des Erdbewußtseins sehr wichtig.

BEGLEITSÄTZE FÜR DIE BEHANDLUNG MIT DER TURMALIN-ESSENZ

- Meine Gedanken und Pläne nehmen Gestalt an.
- Ich nehme aktiv am äußeren Leben teil.
- Meine inneren Verletzungen heilen.
- Ich spüre, wie neues Leben in mir erwacht. Mein ganzer Körper ist belebt.

DER RUBIN

Der kraftvolle rote Rubin stammt aus der Edelsteinfamilie der Korunde. Sein Hauptbestandteil ist Tonerde, seine Farbe erhält er aus Spuren von eingelagertem Chrom. Der Name kommt aus dem Lateinischen: „ruber" heißt rot. Der Rubin symbolisiert das Feuerelement, feurig sind seine Eigenschaften, und seine Essenz steht für Wärme, Liebe und Kraft. Im alten Griechenland sagte man über den Rubin: „der dem Feuer gleicht, aber von ihm nicht angegriffen wird".

DAS WESEN DER ESSENZ

In ihrem Werk über die Edelsteinmedizin schreibt Hildegard von Bingen über die Entstehung eines Rubins: „Der Rubin wächst bei Mondfinsternis, wenn sich der Mond gleichsam aus Überdruß verfinstert. Denn manchmal verschwindet der Mond, um auf Gottes Befehl Hungersnot, Seuchen oder politische Veränderungen anzuzeigen. Dann sendet die Sonne ihre Kräfte ins Firmament und wärmt den Mond mit ihrer Glut und regt ihn durch ihr Feuer an, so daß er wieder aufgerichtet wird. Auf diese Weise bringt die Sonne den Mond wieder zum Leuchten..."

Wie sehr wir die wärmende und aktivierende Kraft dieses Elementes brauchen, erleben wir in jedem Frühjahr, wenn sich nach dem kalten Winterhalbjahr endlich wieder die Sonne am Himmel zeigt. Sofort fühlen wir uns aktiver und frischer, ja, wir tanken richtig auf. Es ist, als ob wir aus einem Winterschlaf erwachen.

Im Rubin-Zustand

Menschen, die die Rubin-Essenz benötigen, leben in einem energetischen Erschöpfungszustand, der zeitweise, aber auch über längere Zeit, auftreten kann. Manchmal fühlen sich die Betroffenen fast wie abgestorben und würden am liebsten den Tag im Bett verbringen, ungestört und abgeschnitten von der Umwelt. Man kann sagen: Sie führen ein Leben auf Sparflamme.

Wir alle sind natürlichen Schwankungen unserer Energie unterworfen, denn wir leben in der Polarität und sind in die Schöpfung eingebettet.

So sind wir im Winter meist etwas träger – unser Körper macht eine Art „Erholungsphase" durch. Aber auch mit zunehmendem Alter nehmen unsere Energiereserven ab, wir haben nicht mehr die Kraft, die uns als junger Mensch zur Verfügung stand.

Jeder Mensch hat ein Potential an Energie. Und es kommt darauf an, wie er damit haushaltet. Es gibt verschieden Quellen, aus denen wir unsere Energie schöpfen können.

Eine Quelle ist die Ernährung mit frischen und naturbelassenen Lebensmitteln und eine gesunde Lebensweise mit viel Bewegung an der Luft. Es gibt aber auch Nahrungs- und Genußmittel, die unsere Lebenskraft schwächen und deshalb nur in Maßen genossen werden sollten: Alkohol, Zigaretten, Schokolade, Zuckererzeugnisse und Kaffee sind hier vor allem zu nennen. So kann eine unausgewogene Ernährung, verbunden mit Streßsituationen und Überforderung, zu einem Erschöpfungszustand führen. Doch dies sind nur die äußeren Ursachen für diesen Zustand.

Die einseitige Ernährung, die sogenannte Primärenergie, ist nur ein Faktor, der die Entstehung von Erschöpfungszuständen begünstigt.

Ebenso wichtig ist es, uns den verborgenen inneren Kräften anzuschließen. Denn wir sind eingebettet in eine Kraft, die uns jederzeit zur Verfügung steht. Diese geistige Energie nährt uns innerlich so, wie die Nahrung unseren Körper nährt. Sie ist es, die unserem Körper die Fähigkeit zum Leben gibt.

Die Rubin-Essenz unterstützt die folgenden Aspekte der Persönlichkeitsentwicklung:

- Öffnung des Herzens für die Liebe
- Einheit von körperlicher und geistiger Liebe
- Fähigkeit, im Zustand der Liebe zu leben
- Transformation von Haß, Neid und Besitzdenken
- Bedingungslose selbstlose Liebe
- Unterstützung bei Erschöpfungszuständen

DAS HERZ DER LIEBE ÖFFNEN

Menschen, die Rubin-Essenz brauchen, haben die Energie nur aus der eigenen Person empfangen. Sie haben gearbeitet und gearbeitet und dabei ihr Potential erschöpft. Nun sind sie leer und ausgelaugt. Sie sind gezwungen, ihre Aktivitäten einzustellen und sich der Ruhe hinzugeben. Jetzt können sie wieder neue Energien tanken.

Unsere innere Kraftquelle

Wer die Rubin-Essenz in sich aufnimmt, erkennt, daß auch die Bewältigung von vielen Aufgaben nicht automatisch zum Erschöpfungszustand führen muß und uns zum Leben auf Sparflamme zwingt.

Wenn wir bereit sind, uns der Kraft des Geistigen zu öffnen, erfahren wir, daß wir auch innerlich genährt werden. Wir erleben nun, daß wir immer und überall diese Energie aufnehmen können, und lernen, besser mit unseren Reserven umzugehen. Der Rubin hilft uns mit seiner Energie, die Vorräte in uns wieder aufzufüllen, und uns dieser Quelle der Kraft in Zukunft nicht mehr zu verschließen.

Die kraftvollste Ausdrucksform dieser geistigen Energie, sozusagen die Urenergie, ist die Liebe. Durch sie leben wir. Jeder ist auf der Suche nach ihr, doch viele Menschen haben Probleme, sie zu finden. Und so warten sie, bis der Partner auf sie zukommt, den sie lieben könnten. Viele Menschen warten ein Leben lang und sind unglücklich. Andere stellen die Liebe auf einen Thron – und machen sie dadurch unerreichbar. Sie suchen nach der immerwährenden und allumfassenden Liebe, einer Liebe, die heilig ist.

Und so stehen wir uns auf diese oder jene Weise selbst im Weg.

TRAUMBILD RUBIN

Ich fühle mich ausgebrannt und leer.
Ich bin erschöpft und müde.
Ich möchte neue Kräfte tanken. Doch bevor ich etwas aufnehmen kann, muß ich mich öffnen.
Ich gehe in Gedanken an den Ort, an dem mein Herz schlägt.
Ich atme tief und gleichmäßig, und beim Einatmen fließt das weiße Licht über mein Scheitelzentrum in mich hinein.
Nun verwandelt es sich in das rote Licht der Liebe.
Ich möchte die Liebe wachsen lassen in mir.
Und so öffne ich mein Herz und gebe ihr mehr Raum.
Sie nährt mich und gibt mir Kraft.
Jede Zelle meines Körpers wird durchflutet.
Ich spüre eine unglaubliche Fülle in mir, die ich verströmen möchte.
Und so gebe ich diese Energie in die Umwelt ab.
Ich kann Liebe geben, weil ich im Zustand der Liebe lebe.

Die Liebe entdecken

Mit der Rubin-Essenz erkennen wir, daß die Liebe nicht fern und unerreichbar ist oder über uns thront. Sie ist in jedem von uns, denn wir sind ein Teil dieser mächtigen Kraft. Deshalb können wir uns ihr auch auf menschlichem Weg nähern – eben weil wir Menschen sind und auf der Erde leben.

Einige schwören der sinnlich-körperlichen Liebe ab. Sie bewerten sie als nicht so hoch. Doch Liebe ist nicht hoch oder niedrig. Liebe ist. Und so ist die Liebe auch kein Gefühl, sondern ein Zustand, in dem wir leben, oder, wenn wir uns dieser Kraft nicht öffnen, nicht leben. Auch die sinnlich-körperliche Liebe ist ein Weg, die tiefe geistige Liebe zu erfahren.

Wer diese irdische Liebe zu leben vermag, der wird himmlische Momente, das Gefühl von Ganzheit und Einheit, erleben. Gerade Menschen, die ohne oder mit wenig Zärtlichkeit aufwuchsen, kann eine liebevolle Berührung, ein sanftes Streicheln oder ein zärtlicher Kuß tief bewegen und ihnen helfen, sich aus ihrer Erstarrung zu befreien (siehe auch Rosenquarz-Essenz, Seite 72).

Denn überall dort wo Bewegung ist, muß die Erstarrung weichen.

Wer die Rubin-Essenz einnimmt, erkennt, daß die Liebe in uns ist und wir uns nur für sie öffnen müssen. Wir warten nun nicht länger auf die personifizierte Liebe, die in Form des Traumprinzen oder der Traumprinzessin zu uns kommt und unsere Vorstellungen und Bedingungen erfüllt. Statt dessen bekommen wir sozusagen „tieferen Einblick" in Menschen, die uns am Herzen liegen und können – losgelöst von unseren Vorstellungen – verborgene Qualitäten entdecken. Dieses „Ja" zur Liebe läßt uns dann auch über die Verliebtheit hinaus, die ja ein Erfühlen, ein erstes Kennenlernen ist, die Liebe erleben.

Von Herzen lieben

Viele Menschen lieben mit dem Kopf: Sie sagen: „Wenn Du so und so wärest, dann könnte ich Dich lieben." Doch das ist keine Liebe. Diese Liebe ist selbstbezogen, weil sie Bedingungen stellt.

Lieben heißt, den Verstand einmal ruhen zu lassen und mit dem Herz zu hören, zu sehen und zu fühlen. Besitzdenken, Haß, Neid erfahren wir, wenn wir nicht im Zustand der Liebe leben. Die Ursache dieser Gefühle liegt darin, daß wir die starke Kraft der Liebe nicht annehmen können. Die Folge davon ist, daß sie sich ins Gegenteil verkehrt. Der Weg zur Liebe führt über die Öffnung des Herzens.

KÖRPER UND STEIN

Rot ist die Farbe des Herzens und der Liebe und die aktivste Farbe des gesamten Farbspektrums. Die Rubin-Essenz ist deshalb ein wahrer Energiespender. Sie kann bei Erschöpfungszuständen sehr hilfreich sein. Müde und antriebsschwache Menschen, auch Kinder die ständig lustlos sind, können durch die Einnahme der Rubin-Essenz schnelle Hilfe finden. Sie erfahren einen neuen Energieschub und können den Alltag und die Aufgaben wieder leichter meistern.

Was die Essenz bewirken kann

Der Rubin wirkt sich positiv auf das Herz- und Kreislaufsystem aus. Er aktiviert die Bewegung des Blutes. Ein guter Helfer ist der Rubin auch bei allen Blutmangelzuständen (z.B. Anämie), denn er soll positiv auf den Zellaufbau des Blutes, aber auch auf den Zellaufbau im allgemeinen wirken.

1

Hypotoniker, Menschen mit niedrigem Blutdruck, haben den Zustand des „Auf-Sparflamme-Lebens" schon körperlich durch den Niederdruck des Blutes manifestiert. Diesen Menschen kann die Rubin-Essenz helfen, sich dem Leben wieder zu öffnen. Das Blut ist das alles verbindende Element und damit das Symbol des Lebens. Bei diesen Menschen arbeitet das Herz- und Kreislaufsystem mit verminderter Aktivität, das Blut kann bei geringerem Druck nur langsam durch unseren Körper fließen. Da es uns mit Nährstoffen und Sauerstoff, die wir zum Leben so dringend benötigen, versorgt, kann ein verlangsamter Stoffwechsel die Folge sein. Ein äußeres und spürbares Zeichen dafür ist zum Beispiel das häufige oder ständige Frieren bei normaler Raumtemperatur. Hier vermag die Rubin-Essenz, mit ihrer wärmenden und aktivierenden Energie zu helfen. Sie bringt uns wieder in Bewegung und schafft die Bereitschaft, aktiver am Leben teilzunehmen.

2

Wer unter Bluthochdruck leidet, sollte die Essenz immer in Verbindung mit der Smaragd-Essenz einnehmen (siehe Seite 66). Der Smaragd dämpft dann etwas die aktivierenden Eigenschaften des Rubins – die feinstoffliche Wirkung bleibt trotzdem erhalten.

3

Der rote Rubin hat eine besondere Affinität zum Wurzel-, aber auch zum Herzzentrum (siehe Seite 24/25). Das Wurzelzentrum steht für den Lebenswillen, die Geborgenheit und für den Selbsterhaltungstrieb. Es versorgt die Därme und die Geschlechtsorgane mit Energie.
Das Herzzentrum steht für Herzenswärme und tiefe Liebe. Mit der Rubin-Essenz gelingt es uns, die sinnlich-körperliche und die geistige Liebe zu verschmelzen. Auf diese Weise erfahren wir die Harmonie zwischen Körper und Geist und können uns dem Gefühl der Einheit immer mehr nähern.
Die aktivierende Kraft der Rubin-Essenz steigert das Lustempfinden bei Mann und Frau.

Heilende Impulse

Aufgrund der aktivierenden Eigenschaften des Rubins sollten Sie die Essenz nicht mehr nach 17 Uhr nehmen. Das könnte zu Hyperaktivität und/oder Schlaflosigkeit führen. Sollten Sie das Gefühl haben, daß sie zu stark für Sie ist, neutralisieren Sie die Wirkung, indem Sie die Lapislazuli- oder Smaragd-Essenz einnehmen (siehe Seite 96 und Seite 66).

1

Bei Liebeskummer und Vereinsamung neigen viele Menschen dazu, sich seelisch – ja manchmal sogar körperlich – einzuschließen. Die Rubin-Essenz hilft , sich der Welt wieder öffnen.

2

Wenn Sie unter kalten Füßen leiden, kann ein Rubin-Fußbad sehr wirkungsvoll sein (Anleitung: siehe Seite 35, Tip 3).
Massieren Sie danach die Füße mit einem Rubin oder mit einem Rubinöl. Nehmen Sie dazu fünf Tropfen Rubin-Essenz (aus der Originalflasche) und geben Sie diese in 100 ml Jojobaöl. Auch müde Beine freuen sich über eine Massage mit dem Rubinöl.

3

Wenn Ihnen innerlich kalt ist – oft zeigt sich das zu Beginn einer Erkältung – nehmen Sie die Rubin-Essenz. Die Rubin-Essenz regt das Energiesystem an und durchflutet den Körper mit ihrer Wärme.

4

Richtige Blühkraft bekommen Ihre Pflanzen, wenn Sie dem Gießwasser einige Tropfen der Rubin-Essenz hinzufügen.

5

Bei Verspannungen im Rücken- und Nackenbereich hilft eine Massage mit einem Rubin oder dem Rubinöl (siehe Seite 34). Durch die Kraft des Rubins werden die Blockaden gelöst, was eine Entspannung der entsprechenden Zonen nach sich zieht.

6

Eine kurze Massage mit einem Rubinstein oder das Benetzen mit Rubinwasser kann vor einer Fußreflexzonenmassage sehr hilfreich sein. Die aktivierende und wärmende Kraft des Rubins schenkt dem Patienten ein wohlig warmes Gefühl an den Füßen. Er kann nun besser entspannen. Zudem wird die Wirkung der Massage durch den stärkeren Energiefluß erhöht.

BEGLEITSÄTZE FÜR DIE BEHANDLUNG MIT DER RUBIN-ESSENZ

- Ich schöpfe neue Energie.
- Ich genieße die Wärme und Geborgenheit.
- Ich lebe im Zustand der Liebe.
- Mein Herz wird ganz weit.

DER
GOLDTOPAS

Der Topas begegnet uns in zarten Pastellfarben. Er leuchtet in blau, grün, rosé- und verschiedenen gelb- bis orangefarbenen Tönen. Die Kraft für unsere Essenz gibt uns der Goldtopas. Er verdankt seine goldgelbe Farbe den Anteilen an Phosphor, dem einzigen chemischen Element, das im Dunkeln leuchtet.
Der goldfarbene Stein gilt als der König unter den Topasen. Schon im alten Testament wird er mehrfach erwähnt. Sein Name aber stammt wahrscheinlich aus Indien und bedeutet übersetzt so viel wie „Der Gelbe".

DAS WESEN DER ESSENZ

Eine alte Legende der Indianer besagt, daß der Goldtopas ein idealer Tarnstein sei. Wenn man ihn in der linken Hand hält, werde man unsichtbar und könne unbemerkt alle nur möglichen Orte passieren. So ähnlich geht es Menschen, die die Goldtopas-Essenz benötigen. Sie verstecken wichtige Anteile ihres Selbst im Inneren und tarnen sich, indem sie nach Gedankenmustern und Vorstellungen anderer leben, die sie einfach übernommen haben und die nie wirklich ihre eigenen waren.

Im Goldtopas-Zustand

Der Goldtopas ist die Reinigungsessenz. Unter Reinigung verstehen wir im üblichen Sinne ein Hinwegspülen von Altem und Verbrauchten, von Inhalten, die uns bisher beschäftigten, nun aber nicht mehr zu uns gehören. Dieser „Hausputz" vollzieht sich auf allen Ebenen. Als Grundlage für eine wirklich tiefgreifende Reinigung geht es jedoch in erster Linie um die Befreiung von fremdbestimmten Gedanken und Verhaltensweisen. Dieses Leben hat uns von unserem wahren Selbst, unseren tiefen Sehnsüchten und Vorstellungen, weggeführt.

Die Goldtopas Essenz unterstützt die folgenden Aspekte der Persönlichkeitsentwicklung:

- Reinigungsessenz
- Befreiung von fremden Verhaltensmustern und Moralvorstellungen
- Neuordnung
- Raum für eigene Vorstellungen vom Leben
- Ganzwerdung durch Trennung

Wenn wir geboren werden, sind wir unserem wahren Wesen noch nahe. Wir wissen, wer wir sind und was wir auf dieser Welt lernen möchten. Wir wissen, welchen Weg wir beschreiten möchten und wohin er führt. Wir haben noch Zugang zu unseren wahren Bedürfnissen und Wünschen, die uns zu unserem Lebensziel führen. Wir sind noch nicht durch unsere Umwelt geprägt, sondern wir sind authentisch.

Durch unsere Erziehung im Elternhaus und in der Schule erfahren wir eine erste Prägung. Wir lernen nach und nach, uns zunehmend auf das Äußere zu fixieren. Uns beschäftigen jetzt die Dinge um uns herum, aber auch wichtige Bezugspersonen wie Eltern, Verwandte, Lehrer und Freunde. Unsere Eltern und Lehrer bemühen sich, ehrenwerte und anständige Bürger aus uns zu machen. Dabei vermitteln sie uns ihre Erfahrungen und Erkenntnisse, die für ihr Leben ja auch stimmen. Doch, wer ist nun ein ehrenwerter und anständige Bürger? Hier gehen die Meinungen und Ansichten sehr auseinander. Jeder Mensch hat seine eigenen Vorstellungen. In der frühen Kindheit und Jugend ist es völlig normal, daß wir die Wertmaßstäbe unserer Bezugspersonen übernehmen. Sie dienen uns für eine Zeit als Stütze, Halt und als Orientierung in der Welt. Doch irgendwann legen wir diese Stütze Stück für Stück ab und machen dadurch Platz für unsere eigenen Erfahrungen, Vorstellungen und Wünsche.

Menschen, die die Topas-Essenz brauchen, haben diesen Schritt noch nicht vollzogen. Sie leben in wichtigen Bereichen ihres Selbstes, manchmal sogar ganz nach den Vorstellungen und Gedankenmustern ihrer Umwelt. Zunehmend verlieren sie den Zugang zu ihrem „Ich", da sie die fertigen Gedankenkonzepte immer noch „ohne Prüfung für das eigene Leben" von außen übernehmen. Sie werden sich zunehmend fremder, im Extremfall sind sie in wichtigen Teilen sogar fremdbestimmt. Sie kennen sich selbst kaum.

Ein Beispiel mag dies illustrieren: Da ist die Mitvierzigerin, die sich gerade in einen 12 Jahre jüngeren Mann verliebt hat. Doch sie verleugnet ihr Gefühl gegenüber diesem Mann. Warum?

„Eigentlich könnte alles so schön sein, wenn nur dieser Altersunterschied nicht wäre. Es ist zum Verzweifeln, da trifft man schon mal die große Liebe und dann das. In ein paar Jahren betrügt er mich ja doch! Nein, darauf lasse ich mich erst gar nicht ein!" So klagt diese Frau, die aus einem sehr konservativen Elternhaus kommt. Sie hat von Kindheit an gelernt, daß es am Besten ist, wenn der Mann ein paar Jahre älter ist, höchstens jedoch genauso alt wie die Frau. Aus diesem Grund verleugnet sie nun diese Liebe. Sie ist der festen Überzeugung: Das kann nicht funktionieren! Bekennt sie sich dann doch zu ihm, dann bleibt immer dieses schale Gefühl zurück und die Angst, daß er sie irgendwann verläßt. Sie kann sich nicht auf ihr eigenes Gefühl verlassen. Es wurde über Jahre hinweg von den Meinungen und Vorstellungen anderer „eingemauert" und hatte nicht genügend Raum, um sich zu entwickeln.

Eigene Maßstäbe finden

Nun ist dieses Beispiel kraß. Es kann uns aber nicht darüber hinwegtäuschen, daß wohl jeder von uns – in mehr oder weniger großen Teilbereichen – nach solchen „kollektiven Gedankenmustern" lebt. Diese Wertungen finden wir in der herrschenden Moral, mit der jeder von uns seine Erfahrungen gemacht hat. Auch das typische Rollenverhalten von Mann und Frau, das uns ja schon von Kindesbeinen mitgegeben wird, fußt darauf. Nun sind wir keine Sympathisanten der Gleichmacherei, denn natürlich gibt es Unterschiede zwischen Männern und Frauen. Gottseidank! Doch jeder soll die Möglichkeit haben, sein individuelles Verständnis zur Geschlechtlichkeit auch zu leben.

Nun ein anderes Beispiel, das uns zeigen kann, wie schnell wir bereit sind, die Vorstellungen der Umwelt zu übernehmen:

Von Kindesbeinen an ist uns gepredigt worden, daß es unbedingt nötig ist, einen anständigen Beruf zu erlernen. Unter „anständig" verstehen wir in erster Linie, daß der Job uns das Geld bringen muß, um die äußeren Bedürfnisse zu stillen (Haus, Auto, Reisen usw.), und er darf nicht zu den üblichen Moralvorstellungen in Widerspruch stehen. Der Wert der Arbeit wird direkt am Gegenwert des Geldes gemessen. Nun gut. Viele Menschen haben einen „anständigen" Beruf gelernt, so wie sie es von Haus aus mitbekommen haben. Sie verdienen ihr Geld – und sind trotzdem unglücklich. Tief in sich verspüren sie den Wunsch, ein anderes Leben zu leben. Einige von ihnen haben zum Beispiel schon seit der Kindheit den Wunsch, Schauspieler zu werden. Und dieser Wunsch wird nicht kleiner, ja er wird immer drängender und größer. Nun leben sie in ihrem anständigen Beruf, aber gegen ihre wahren Bedürfnisse und Wünsche. Und es kommt zum Konflikt.

Raum fürs eigene Leben

Unser Körper ist nun einmal so angelegt, daß er am besten „funktioniert", wenn wir Arbeiten und Beschäftigungen nachgehen, die uns entsprechen. Ein Leben, das unseren Interessen zuwider läuft, ist im wahrsten Sinne krankmachend. Die inneren Bedürfnisse stimmen nicht mit der tatsächlich ausgeübten Tätigkeit überein.

Der Irrtum liegt auch hier darin, daß wir Einstellungen, Verhaltensweisen und Wertmaßstäbe übernommen haben, die nicht mehr zu uns gehören. Nicht wir bestimmen unser Leben sondern die Umgebung, die Verhältnisse (die, wie Brecht schreibt, eben nicht so sind). Mit der Energie des Topas entdecken wir zunehmend, was zu uns gehört. Die Topas-Essenz vermag es, diese Fremdbestimmtheit in unserem Leben zu erkennen und hilft uns dabei, alte und überholte Muster abzulegen. Sie trennt, um zur Einheit zu gelangen.

Die Goldtopas-Essenz begleitet uns auf dem Weg, der zu unserem wahren Wesen führt. Dadurch gelingt es uns, Gedankenmuster und Verhaltensweisen, die nicht mehr zu uns gehören, abzulegen und Platz für unsere eigenen Vorstellungen von Leben zu schaffen. Wir erkennen unsere wahren Wünsche und Sehnsüchte.

In spirituellen Kreisen finden wir diesen Zustand sehr häufig. Denn auch hier entdecken wir Menschen, die ihren Halt wieder im Außen suchen, bei Meistern und Gurus. Viele von ihnen leben nach einer Reihe von Geboten und Verboten, die ihnen ihr Gott auf Erden auferlegt hat. Die Goldtopas-Essenz hilft dabei, den Weg nach innen zu gehen, ohne zu versinken. Denn nur in uns können wir die Wünsche und Vorstellungen finden, die uns auf unseren eigenen Weg führen. Mit dem Gedanken, daß jeder von uns ein Teil Gottes ist, werden wir auch ohne die Krücken der Gebote und Verbote unseren eigenen Lebensweg aufrichtig und verantwortungsvoll gehen können.

Eine weitere unbewußte Ausdrucksform dieses Zustandes ist auch der übertriebene Putzwahn. Er zielt sowohl auf die Umgebung, als auch auf die Person direkt. Manche Menschen wischen von morgens bis abends ihre Wohnungen, jedes Stäubchen macht sie fast wahnsinnig. Viele von ihnen verbringen einen großen Teil ihrer Zeit im Badezimmer und duschen sich drei bis vier Mal am Tag. Sie empfinden ihre Umgebung und sich als unsauber. Das Bedürfnis nach Reinigung findet den Ersatz im äußeren Putzwahn.

TRAUMBILD GOLDTOPAS

Ich sehe tief in mich hinein.
Bis zu meinem Kern.
Dieser Kern,
das bin ich mit meinen Sehnsüchten
und Wünschen.
Er ist noch sehr klein,
denn er ist umstellt von dicken, hohen
Säulen.
Diese Säulen sind die Vorstellungen
meiner Umwelt,
meiner Umgebung.
Ich habe mich lange angelehnt
an sie.
Nun aber brauche ich diese Stützen
nicht mehr, denn mein Kern
möchte wachsen.
Ich atme ganz tief ein, damit er größer
werden kann.
Er wächst –
und plötzlich werden die Säulen
unsichtbar und machen Platz für mich.
Nun ist alles frei; ich habe Raum, mich
zu entfalten.

KÖRPER UND STEIN

Die Goldtopas-Essenz steht mit dem zweiten Energiezentrum, dem Sakralzentrum, in Verbindung. Es versorgt die Geschlechtsorgane, die Blase und die Därme mit Energie. Als Stein der Reinigung und Klärung wirkt er auch besonders auf das Lymphsystem. Die Lymphe, die Müllabfuhr des Körpers, haben die Aufgabe, Altes und Verbrauchtes abzutransportieren, um wieder Platz für das Neue zu schaffen. Nur der ständige Austausch macht das Leben möglich, denn der Stoffwechsel ist ein wichtiges Merkmal des Lebens.

Weiterhin wird durch die Essenz die Ausleitungsfunktion der Ausscheidungsorgane unterstützt. Die Ausscheidungsorgane, die einen Bezug zur Goldtopas-Essenz haben, sind die Blase und die Därme. Die Reinigung auf der feinstofflichen Ebene zieht unmittelbar die Reinigung des Körpers nach sich. Die Ausscheidung von Giftstoffen im Bereich des gesamten Verdauungstraktes wird gefördert, außerdem wird die natürliche Darmmotorik, die Peristaltik, angeregt.

Bei einer Entgiftungskur kann die Goldtopas-Essenz begleitend genommen werden. Die Reinigung und Ausleitung der Stoffwechselrückstände werden günstig beeinflußt.

Heilende Impulse

1

Pflanzen, die von Ungeziefer befallen sind, können Sie mit einem Absud von zwei gekochten Knoblauchzehen (auf einen Liter Wasser) und ein paar Tropfen Goldtopas-Essenz bespritzen und auch gießen. Sie werden sich schnell wieder erholen.

2

Betupfen Sie unreine Haut mit einem Gesichtswasser aus der Goldtopas-Essenz.
Nehmen Sie dazu:

- 150 ml destilliertes Wasser,
- sieben Tropfen Goldtopas-Essenz
- einen halben Teelöffel Heilerde (für äußere Anwendungen).

Dieses Gesichtswasser können Sie nun auf die betreffenden Stellen auftragen, Sie müssen es aber vor jedem Gebrauch gut schütteln.
Bei Pickeln hilft auch ein Tropfen der Goldtopas-Essenz direkt auf die entzündliche Stelle. Achten Sie hier – wie immer – darauf, daß die Flasche steril bleibt. Das heißt: berühren Sie die Pipette nie mit den Fingern oder der Haut. Lassen Sie einfach einen Tropfen auf den Finger fallen. Sehr hilfreich ist es, die Essenz innerlich anzuwenden. Auch Meditationen helfen, sich von Unreinem zu befreien. Denn denken Sie daran: Die Haut ist das Spiegelbild der Seele.

3

Ist Ihr Haustier von Parasiten befallen, so geben sie ihm in das Trinkwasser oder auf das Fressen etwas Goldtopas-Essenz. Auf diese Weise wird der Reinigungsprozeß im Körper des Tieres unterstützt.

Unterscheidung

1

Aquamarin-Essenz: Menschen, die die Aquamarin-Essenz benötigen, stellen sich dem Gesetz der Wandlung entgegen, indem sie geistig an schon abgeschlossenen Entwicklungsprozessen festhalten.

2

Wer die **Goldtopas-Essenz** braucht, übernimmt Gedankenkonzepte, Verhaltensmuster und Moralvorstellungen aus der Außenwelt und lebt nach ihnen.

BEGLEITSÄTZE FÜR DIE BEHANDLUNG MIT DER GOLDTOPAS-ESSENZ

- Ich bin frei von den Vorstellungen und Gedanken anderer.
- Ich finde tief in mir meine eigenen Wünsche und Vorstellungen von meinem Leben.
- Sie zeigen mir meinen Weg.

DER
MONDSTEIN

Der sanfte Schimmer dieser „Perle des Mondes" hat die Menschen seit Anbeginn der Zeit fasziniert. Vor allem galt er als Stein der Mütter und weisen Frauen. So pflegte man früher kinderlosen Paaren diesen Stein unter das Bett zu legen. Und noch heute bekommen Mütter nach einer Geburt einen Mondstein-Anhänger geschenkt. In Indien schmückte er die Tempeltore, und noch immer werden die schönsten Exemplare in Sri Lanka gefunden.

DAS WESEN DER ESSENZ

Dieser milchig-weiße Stein gilt als Verkörperung der weiblichen Seite in unserer Welt. Ein anderes Symbol dieser inneren, intuitiven, weiblichen Seite ist der Mond. Wie er Ebbe und Flut hervorbringt, so beeinflußt er auch Gezeiten im Bewußtsein der Menschen...

Seit einiger Zeit schon richten Menschen ihre Aufmerksamkeit nicht mehr ausschließlich auf die äußeren, die materiellen Werte. Es gibt mehr und mehr Menschen, die sich der inneren Kraft nähern wollen. Während der Turmalin den Weg nach Außen unterstützt, begleitet der Mondstein uns auf dem Weg nach Innen...

Im Mondstein-Zustand

Von frühester Kindheit an lernen wir, uns auf die äußeren Bereiche des Lebens zu fixieren. Erfolgreich ist, wer ein teures Auto fährt, in einem großen Haus wohnt oder eine Menge Geld auf dem Konto hat. Viele Menschen kämpfen sich durchs Leben, um diesen Anforderungen der Gesellschaft – nur selten sind es die eigenen Ziele – gerecht zu werden. Wir vernachlässigen unser Gefühl, das uns sagt: „Warum dieser Streß?"

Statt dessen verlassen wir uns auf unseren Kopf, der uns antreibt. Er hat die Vorherrschaft über alle Persönlichkeitsebenen übernommen und gibt keine Ruhe.

Die Mondstein-Essenz unterstützt die folgenden Aspekte der Persönlichkeitsentwicklung:

- Weg nach Innen
- Erweckung der inneren Stimme
- Vertrauen in die Intuition
- Stärkung der weiblichen Seite in uns

Gefühle werden oft als nicht real und deshalb unwichtig abgetan. Ständig sind die Kopf-Menschen von Gedanken geplagt, sie können einfach nicht entspannen. Nachts haben sie Schwierigkeiten mit dem Einschlafen, einige knirschen angespannt mit den Zähnen.

Die Mondstein-Essenz verhilft zu Entspannung und Ruhe. Der Überdruck im Kopf, in dem Gedanken hin- und hergewälzt wurden, kann abgebaut werden. Dafür fühlen wir wieder intensiver. Wir finden den Zugang zur inneren Stimme – zur Intuition – und lernen zunehmend, Entscheidungen auch aus dem Bauch heraus zu treffen. Wie wichtig die Entfaltung dieser inneren Seite in uns ist, haben inzwischen sogar Manager erkannt. Ganz bewußt übernehmen viele Führungskräfte bestimmte mentale Übungen in ihren beruflichen Alltag, lernen zu meditieren und ihre Intuition bei Entscheidungen mit einzubeziehen

DER WEG NACH INNEN

Das Wesen der Monstein-Essenz bringt uns mit der inneren Stimme in Kontakt. Unser Verstand ist durch die Welt, durch die Moral, durch anerzogene Einstellungen und Wertungen geformt worden und deshalb für uns selten der richtige Ratgeber.

Die Mondstein-Essenz hilft, den Zugang zu sich zu finden. Indem wir die Aufmerksamkeit von der Außenwelt – der wir bisher fast ausschließlich vertrauten – nun auf unser Ich richten, entwickeln wir die Basis des Vertrauens zum eigenen Selbst.

Die Fixierung auf die Umwelt wird gelöst, wir finden Halt in uns und gewinnen zunehmend Selbstvertrauen.

Meditationen können uns auf diesem Weg helfen. Manchmal ist es gar nicht so leicht, den Alltag mit seinen Aufgaben und Problemen zu vergessen.

Besonders Meditationsanfänger sagen: Wir können nicht abschalten! Einige empfinden ihren Kopf als abgetrennte Einheit über sich. Mit Hilfe der Mondstein-Essenz gelingt es zunehmend, sich dem Bewußtseinszustand der Meditation zu öffnen und den Alltag zu vergessen.

Ob Yoga, Reiki oder Tai Chi – die Mondstein-Essenz ist ein guter Begleiter auf diesen Wegen, weil sie den Zugang zum Selbst erleichtert und intensiviert. Wir tanken wieder neue Lebenskraft und erfahren, daß wir auch vom Geistigen genährt werden, wenn wir uns öffnen.

Die weibliche Seite annehmen

Auch unterstützt der Mondstein die Entfaltung der weiblichen Seite in uns.

Viele Männer haben Angst, diese Anteile zu leben, aus Angst weniger männlich zu sein. Sie verstecken ihre Gefühle und unterdrücken damit einen Teil von sich. Die Mondstein-Essenz integriert auf sanfte Weise diese Emotionen und hilft dabei, Stück für Stück auch die Frau im Mann zuzulassen. Für ihn ist das eine wahre Erleichterung, denn er muß seine Gefühle nicht mehr festhalten. Die freigewordene Energie steht ihm nun für andere Aufgaben zur Verfügung.

Aber auch für Frauen ist diese Essenz bedeutsam. Sie hilft, sich aus dem engen Rollenverhalten zu befreien. Nun finden sie ihren Platz in der Gesellschaft, ohne wichtige Anteile in sich zu unterdrükken.

Viele haben Schwierigkeiten mit ihrer Rolle als Frau.

Sie zeigen auf die Männer und sind dabei oft selbst so verhärtet wie mancher Macho. Mit Hilfe der Mondstein-Essenz leben wir nicht mehr nur als Mann oder Frau, sondern in erster Linie als Mensch.

TRAUMBILD MONDSTEIN

Ich bin angespannt.
Nun suche ich die Ruhe.
Ich lasse den Alltag hinter mir, will ihn für eine Weile vergesssen.
Ich schließe die Türen zur Außenwelt und genieße die Stille um mich herum.
Nun möchte ich sie auch in mir finden.
Ich atme tief ein und aus.
Mit jedem Atemzug fließt weißes Licht durch meinen Körper.
Beim jedem Ausatmen lasse ich meine Spannung los.
Ich spüre, wie sich die weiße Energie in mir sammelt und konzentriert. Hier ist mein Zentrum.
Gedanken dringen zur mir.
Ich lasse sie kommen und gehen, bis es still wird in mir. Jetzt bin ich ganz entspannt. An diesem inneren Ort kann ich Ruhe finden, hier habe ich eine Oase der Stille.

Das führt zur Harmonisierung der männlichen und weiblichen Anteile in uns und ist eine wesentliche Grundlage der Ganzwerdung der Persönlichkeit.

Die Information dieses Steines bringt uns in Verbindung mit dem weiblichen Prinzip der Fruchtbarkeit. Und wo drückt sich dieses Prinzip wohl besser aus, als in der Mutter und dem Vater.

Die Mondstein-Essenz unterstützt die Frau, sich auf die Rolle als Mutter vorzubereiten. Sie verhilft zur Harmonie zwischen Mutter und Kind. Auch kann der Prozeß des Loslassens, die Geburt, erfolgreich unterstützt werden. Werdenden Vätern, die mit dem Kind jetzt in eine besonders gefühlsbetonte Zeit hineingleiten, hilft der Mondstein, sich auf den neuen Abschnitt des Lebens vorzubereiten.

Eine weitere Ausdrucksform dieses Zustandes findet sich bei dem Menschen, der seinen Platz in der Gesellschaft nicht findet. Er hat schon viel ausprobiert, alles fällt ihm leicht. Er bekommt immer wieder neue Chancen. Doch er kann sich daran nicht wirklich freuen. Er ist zutiefst unzufrieden und spürt, daß das alles nicht das Richtige für ihn ist. Er läßt sich zwar auch von seinen Gefühlen leiten, bleibt jedoch an der Oberfläche und sucht seine Ziele und Chancen in der Außenwelt.

Weil aber so vieles nur begonnen wird, bleiben seine Möglichkeiten immer unausgeschöpft. Ständig drängt es ihn zu neuen Projekten. Alles bleibt im Ungefähren, denn er hat Angst vor tiefgreifenden Erfahrungen und lenkt sich statt dessen lieber ab. Um seinen Weg zu finden, müßte er sich der Führung seines Selbstes anvertrauen. Wenn er das erkannt hat, warten neue und ungeahnte Erfahrungen auf ihn. Er weiß dann um sein Potential und schafft es, seine Talente in die Bahn zu lenken, die ihn zu seiner wahren Aufgabe führt.

Menschen im positiven Mondstein-Zustand haben die Fähigkeit, ihre reichen Begabungen, die sich oft auch in mehreren Berufen spiegeln, auszuleben und ihnen eine Richtung zu geben.

KÖRPER UND STEIN

Die Mondsteinenergie wirkt auf alle Chakren und durchflutet den gesamten Körper mit der weiblichen Energie. Eine besondere Affinität hat der helle, weiße Strahl zum Sakralzentrum (siehe Seite 24/25). Von hier werden die Hormondrüsen, der Unterleib, aber auch die Geschlechtsorgane mit feinstofflicher Energie versorgt.
Die besondere Kraft der Mondsteinenergie liegt im liebevollen Annehmen der weiblichen Seite in uns. Sie führt uns aus der äußeren Welt in die innere zurück, schenkt uns nach Zeiten der Aktivität Ruhe und Stille.

Was die Essenz bewirken kann

1

Der Mondstein und seine Essenz sind ein Geschenk für jede Frau. Als unterstützende Behandlung bei allen Frauenbeschwerden leisten sie wertvolle Dienste. Sie gleichen die Energie im Bereich der Geschlechtsorgane aus. Auf diese Weise werden Stauungen abgebaut und es kommt zur Entspannung. Geschwülste, aber auch Menstruationsbeschwerden können so günstig beeinflußt werden.
Auch bei Spannungszuständen in der Brust bringt die Mondstein-Essenz gestaute Energie wieder zum Fließen. Während der Schwangerschaft hilft der Mondstein, die hormonelle Umstellung zu erleichtern und Mutter und Kind auf die neue Lebenssituation vorzubereiten. Während der Stillzeit unterstützt die Essenz die nährende Kraft der Mutter.

2

In der chinesischen Medizin ist die Farbe Weiß die des Dickdarms und der Lungen. Beide Organe stehen mit dem weiblichen Prinzip des Nährens in Verbindung. Der Dickdarm ist ein Teil des Verdauungssystems, das die Voraussetzung für die Aufnahme und Verwertung der stofflichen Nahrung bietet. Die Lunge dagegen hilft uns, die feinstoffliche Lebensenergie auch über die Luft aufzunehmen. Wer die Mondstein-Essenz einnimmt, kann feststellen, wie die Atmung bewußter wird. Tägliche Atemübungen unterstützen diese Bewußtwerdung und Öffnung. Mit der Zeit vergrößert sich dann das Atemvolumen, und wir können mehr Lebensenergie aufnehmen.
Die Mondstein-Essenz kann ebenfalls eine Reinigung und Stärkung der Lunge bewirken. Deshalb ist die Mondsteinenergie auch für ehemalige Raucher sehr gut geeignet. Sie wird, nachdem man sich der Sucht entziehen konnte (siehe auch Amethyst-Essenz, Seite 104), eine wertvolle Hilfe bei der Aufhellung der Hintergründe sein. Die Zigarette behindert den Raucher bei der Aufnahme der Lebensenergie, die ja auch in der Luft vorhanden ist und vernebelt ihm Sicht und Sinne.

Unterscheidung

1. Rosenquarz-Essenz: Sie hilft Blockaden auf der Gefühlsebene aufzulösen. Dabei geht es um das Gefühl dem eigenen Körper gegenüber, aber auch um das „Zeigen-Können“ der Empfindungen gegenüber der Umwelt.

2. Mondstein-Essenz: Beschreibt den Weg nach Innen. Man findet Zugang zu seiner Intuition, die weibliche Seite wird geweckt und in das Leben integriert.

Heilende Impulse

1

Nehmen Sie die Mondstein-Essenz direkt vor der Meditation. Sie erleichtert das Loslassen des Alltäglichen und den Zugang zum Inneren.

2

Können Sie im Urlaub nicht entspannen? Auch hier hilft die Mondstein-Essenz, wenn sie drei mal täglich eingenommen wird.

3

Nach der Geburt des Kindes können Sie den Geburtsschock etwas abmildern, wenn Sie dem Badewasser des Kleinen je 2 Tropfen Mondstein- und Smaragd-Essenz zufügen. Bitte nicht mehr! Sie können auch das Kinderzimmer mit dieser Mischung besprühen. Ganz sanft hilft die Energie der Edelsteine nun dem Kind bei der Umstellung. Es kann sich auf diese Weise den neuen Lebensverhältnissen besser anpassen.

4

Junge Mädchen, die nicht erwachsen werden wollen, oder Frauen, die das ewige Kind bleiben, sprechen ebenfalls auf die Behandlung mit Mondstein-Essenz sehr gut an.

BEGLEITSÄTZE FÜR DIE BEHANDLUNG MIT DER MONDSTEIN-ESSENZ

- Ich entdecke meine innere Stimme und kann sie immer besser hören.
- Ich freue mich auf meine innere Entdeckungsreise.
- Mein Kopf wird mit jedem Tag leichter.
- Ich habe den Mut, Entscheidungen auch aus dem Bauch heraus zu treffen.

DER CITRIN

Der Citrin ist ein hellgelber bis orangefarbener Quarzkristall. Seine Farbe erhält er durch Einlagerungen von Eisen. Er zeigt sich uns in verschiedenen Farbtönen, oft wird er auch durch Brennen – bei ungefähr 800 Grad Celsius – aus dem Amethyst künstlich hergestellt. Obwohl viele Heiler, die mit Edelsteinen arbeiten, diese Citrine verwenden, bevorzuge ich für die Essenzen die „echten“ Steine. Ich finde es einfach schöner, für natürliche Methoden auch mit der natürlich gewachsenen Heilenergie der Erde zu arbeiten. Wir können stets der Weisheit der Natur vertrauen.

DAS WESEN DER ESSENZ

Die Citrin-Essenz ist verbunden mit den Seelenqualitäten des „Selbst-bewußtseins“, des Selbstwertgefühls und der Orientierung. Sie unterstützt Menschen, die entweder zu sehr nach Außen gehen, oder die sich innerlich gegen diese Welt abkapseln. Beide Ausdrucksformen haben eine Ursache: Man hat sich verloren und lebt ein Schattendasein. So wie die Sonne das Dunkel erhellt, vermag die Citrin-Essenz die innere Sonne zu wecken.

Im Citrin-Zustand

Im blockierten Citrin-Zustand ist sich der Mensch seiner selbst nicht bewußt. Er ist zutiefst verunsichert. Im Laufe seines Lebens hat er sich von seiner inneren Führung immer mehr entfernt. Innerlich macht er sich so klein, daß er keine Möglichkeit sieht, aus dem Vollen zu schöpfen. Er hat damit das bewußte Selbst, das Selbstwertgefühl und dadurch die Orientierung verloren.

Die Ursachen für dieses Verhalten liegen in der Vergangenheit. Oft haben solche Menschen ein kühles Elternhaus gehabt, die Kinder fühlten sich nicht genügend beachtet. Wie gehen sie damit um?

Es gibt zwei Möglichkeiten, darauf zu reagieren. Eine ist die aktive Form: Man geht nach außen und spiegelt sich in der Umwelt. Man erzwingt die Aufmerksamkeit der Umgebung und kann nun – durch die Reaktion der Umwelt – in seiner Existenz bestätigt werden.

Der andere Weg: Man zieht sich ganz in sich zurück, mit dem Ergebnis, daß man für andere unauffällig und unscheinbar wird, ja, man ist für die Umgebung fast unsichtbar.

Die Citrin-Essenz unterstützt die folgenden Aspekte der Persönlichkeitsentwicklung:

- innere Sonne
- Selbst-Bewußtsein
- Selbstwertgefühl
- Orientierung im Ich
- Die innere Sonne wird geweckt

Der „Show-Master“

Doch kommen wir nun zur ersten, der aktiven Reaktion, auf diesen Zustand. Sicher haben wir alle diesen Menschen schon einmal erlebt, wenn wir irgendwo eingeladen waren – auf einer Party oder auch in der Kneipe...

Manche Menschen, die die Citrin-Essenz benötigen, erkennen wir sofort. Sie vereinnahmen uns, ziehen die Gespräche an sich und beginnen die Sätze auffallend oft mit dem Wort „Ich“. Wenn Sie sich mit so einem Ich-Menschen „unterhalten“ wollen, dann gleicht das Gespräch eher einem Monolog.

Im negativen Citrin-Zustand kann es so weit kommen, daß der Mensch Sie als Person gar nicht mehr wahrnimmt. Er spricht und spricht. Auf Fragen erwartet er keine Antworten, sondern redet sofort weiter, denn es geht nicht um die Beantwortung der Frage. Alles im Leben dieser Menschen kreist um die eigene Person.

Das Gegenüber fühlt sich nach so einem „Gespräch“ ausgelaugt. Und beim nächsten Mal gehen wir einem solchen Menschen lieber nicht mehr ins Netz.

Der Citrinmensch aber leidet unter dieser Situation, denn er befindet sich in einem Teufelskreis. Wieder einmal fühlt er sich verlassen und im Stich gelassen. Und so wird die alte Verletzung tiefer und tiefer. Innerlich wird er immer kleiner, sein

Selbstbewußtsein schwindet, und als Gegenstück dazu wird das Auftreten nach außen immer ichbezogener.

Die Menschen im negativen Citrin-Zustand fühlen sich, als ob sie gar nicht da wären. Deshalb sind sie darauf angewiesen, sich in der Umwelt zu spiegeln. Denn nur so wissen sie „Mich gibt es also doch".

Der Citrin-Mensch fühlt sich kraftlos und leer. Im Extremfall zapft er unbewußt – wie ein Vampir – die Energie des Gegenüber an, bis er gestärkt von dannen zieht. Er kommt in vielen Fällen sehr dicht an sein „Opfer" heran, manchmal zieht er es auch zu sich. Dies ist für ihn eine natürliche, ja, lebensnotwendige Verhaltensweise. Dieser Mensch nimmt, kann aber nicht geben, weil er in einem Mangel lebt. Oft ist er im Beruf außerordentlich erfolgreich. Denn er dient ihm als Bestätigung für das eigene Dasein.

Der Stille

Ein typischer Citrin-Mensch steht auf Partys still in einer Ecke. Erinnert man sich später an das Fest, wird er stets vergessen so, als sei er nicht dagewesen. Im Extremzustand wird er nirgendwo wirklich gesehen – auch bei der Arbeit nicht.

Er gehört zu den Mitarbeitern, die stets übersehen werden. Dabei ist er schon seit 25 Jahren in der Firma beschäftigt, war immer fleißig.

Er/Sie ist ein überaus fähiger Kollege, das Problem jedoch ist, daß es keiner weiß. Niemand, vor allem er selbst nicht. Deshalb kann er es auch nicht in die Umgebung ausstrahlen. Gehaltserhöhungen und Beförderungen gehen also zielsicher an ihm vorbei. Ist er krank, registriert es die Umwelt sehr spät, nämlich dann, wenn die Arbeit, die er stets perfekt und pünktlich abgeliefert hat, nicht mehr erledigt wird. Erst jetzt bemerkt man, daß jemand fehlt. Gibt es etwas zu verteilen, wird er stillschweigend zurücktreten und anderen Platz machen. Egal, was passiert – er geht leer aus.

TRAUMBILD CITRIN

Ich lege mich hin und schließe die Augen. Noch fühle ich mich innerlich dunkel.
Doch über mir sehe ich die Sonne, sie strahlt auf meinen Körper, schenkt mir Kraft und Helligkeit. Ich atme dieses goldgelbe Licht tief ein, es durchströmt meinen gesamten Körper.
Eine Handbreit unter meiner Brust ist der Solarplexus.
Hier sammelt sich das Licht und versorgt jede einzelne Zelle mit Helligkeit.
Alles in mir erstrahlt. Dort, wo mein Solarplexus ist, sehe ich ein goldgelbes Zentrum.
Das ist meine innere Sonne.
Sie ist immer da und begleitet mich auf all meinen Wegen.
In ihr ist der Funke des Lebens, den ich in mir trage.
Nur er kann mir Orientierung sein. Ich bin mir meiner Selbst bewußt. Jeder, also auch ich, trägt diesen Funken in sich.
Ich bin nicht mehr allein.

Im Gegensatz zum extrovertierten Typ dieses Zustandes zweifelt dieser Mensch nicht an seiner Unfähigkeit, sondern ist von ihr überzeugt.

Weil er diesen Zustand nicht kompensieren kann, zieht er sich immer mehr in sich zurück. Ihm fehlen die Kraft und Entschlossenheit, seine Negativprogramme zu lösen. Er fühlt sich minderwertig – nicht gut genug. Im Gegensatz zum anderen Extrem gibt dieser Mensch fast alles von sich, weil er sich selbst nicht fühlt, ja, weil er sich selbst nicht wert fühlt.

Die Ursachen für diese stille Form sind die gleichen wie die beim äußeren Citrin-Zustand. Hier verharrt der Mensch jedoch ausschließlich in sich selbst. Er fühlt sich innerlich leer und hat resigniert. Wenn dieser Zustand aus einem tiefen Trauma hervorgegangen und sehr stark ist, hat er im Wesen Ähnlichkeit mit dem „inneren Dämmerschlaf" des Turmalin-Zustandes (siehe Seite 36). Der Citrin-Zustand äußert sich jedoch nicht ganz so extrem, man ist in einem gewissen Maße noch in der Lage, am äußeren Leben teilzunehmen, wenn auch fast unsichtbar und still.

DIE INNERE SONNE

Ob nun die stille oder die aktive Form dieses Zustandes vorliegt – immer geht es um das „Selbst – Bewußtsein", das nicht entwickelt ist.

Die Menschen haben sich von ihrer inneren Quelle der Energie abgewandt und werden von ihr nicht mehr genährt. Sie haben Angst, sich zu öffnen und machen sich innerlich klein und eng. Deshalb leben sie in einem ständigen Mangel. Dieser Mangel zwingt sie dazu, sich entweder ganz in sich zurückzuziehen, oder ihn durch die Spiegelung in der Umwelt zu überspielen und hier Kraft zu schöpfen.

Während der Einnahme der Citrin-Essenz werden wir uns selbst mehr und mehr bewußt und öffnen uns der nährenden Lebenskraft.

Auf eigenem Kurs

Durch die Hinwendung zu unserer Lebenskraft werden wir bewußter, wir erkennen uns selbst. Wir sehen, daß wir da sind. Wir existieren.

Wir müssen uns nicht mehr zurückziehen oder uns permanent in der Umgebung spiegeln. Wir sind uns unseres Selbst bewußt. Durch den Weg zu uns haben wir die Orientierung in uns gefunden.

Wir müssen die Umwelt nicht mehr festhalten, denn wir haben den Halt in uns selbst gefunden. Die Heilkraft des Citrins hilft uns, die Orientierung zu finden. Sie kommt nun von Innen und muß nicht mehr im Außen gesucht werden, denn sie ist verbunden mit der Weisheit und den Seelenqualitäten des Selbstbewußtseins. Jetzt braucht man keine Bestätigung seiner Existenz mehr.

Die Persönlichkeit erwacht aus der Starre und läßt sich leiten von ihrem Selbst, zu dem sie nun wieder Kontakt hat. Die selbstauferlegten Grenzen, an denen früher die Entwicklung zum Stillstand kam, fallen. Man erkennt den Platz, den man im Spiel des Lebens einnimmt und die Möglichkeiten, die vor einem liegen. Der Citrin hilft, die ungenutzten Fähigkeiten zu entfalten und für sich einzusetzen.

KÖRPER UND STEIN

Die Citrin-Essenz steht mit dem 3. Chakra, dem Energiezentrum des Solarplexus, in Verbindung (siehe Seite 24/25). Es versorgt von hier Leber und Gallenblase, den Magen, den Bauchraum, aber auch den Rücken mit Energie. Wenn das Gleichgewicht dieses Zentrums gestört ist, dann kann es zu Beeinträchtigungen der Funktionen der gesamten Verdauungsorgane kommen. Das schlägt sich vor allem nieder auf Magen, Darm, Leber und Galle. Symptome sind Magenkrämpfe, Verstopfung, Durchfall. Die Verdauung ist die körperliche Ausdrucksform von Problemen, die man nicht verarbeiten kann.

Die Citrin-Energie kann auch auf der körperlichen Ebene bei der Verdauung helfen, indem alle beteiligten Organe angeregt werden. Es ist, als ob sie eine Art Energieschub bekommen.

Was die Essenz bewirken kann

1

Das dritte Energiezentrum steht auch in Verbindung mit der Entwicklung der Persönlichkeit und des Selbstbewußtseins. Menschen mit wenig Selbstbewußtsein zeigen das auch körperlich häufig in ihrer Haltung. Sie ist geduckt, der Oberkörper gebeugt. Sie machen sich einfach kleiner als sie sind. Auf diese Weise können sie auch nach außen zeigen, wie sie sich fühlen. Körperlich manifestieren sich die Probleme dann zuerst im Rücken, der mit der Zeit Schaden an der „Verkleinerungskunst" seines Besitzers nimmt.

2

Hilfreich ist hier auf der körperlichen Ebene eine bewußt aufrechte Haltung und das Hineinatmen in das dritte Energiezentrum. Ist dies mit Lebensenergie, die wir ja auch über die Luft aufnehmen, genährt, richten wir uns sofort auf und können gar nicht anders als aufrecht und gerade gehen. Diese Übung sollte man ganz bewußt täglich machen! Als Unterstützung kann man auch die Essenz des Citrin auf den Solarplexus geben oder aber mit einem Citrinstein ganz sanft massieren.

Alle diese Maßnahmen helfen uns, das Gefühl und das Bewußtsein für unser Selbst zu entwickeln, um dadurch aus dem Schattendasein zu erwachen, Wünsche, Frohsinn und Entschlußkraft entstehen und können aus eigener Kraft mit Leben gefüllt werden.

3

Der Citrin kann ebenfalls erfolgreich bei Depressionen angewandt werden, denn sein Licht läßt unsere innere Sonne erstrahlen. (siehe „Heilende Impulse", Seite 65)

4

Harmonisierend wirkt er auch auf die Bauchspeicheldrüse. Und man sagt, er leiste Diabetikern sehr gute Dienste.

Heilende Impulse

1

Wer seinem Körper etwas Gutes tun will, kann die Arbeit der Leber durch eine Citrin-Kur unterstützen. Bereiten Sie sich morgens ein Hand- und abends ein Fußbad (siehe Anleitung Seite 35). Die Temperatur sollte angenehm warm, aber nicht zu heiß sein, wenn Sie jeweils vor dem Essen etwa 10 Minuten darin „baden". Danach nehmen Sie je einen Tropfen der Citrin-Essenz ein. Machen Sie diese Kur über 10 Tage und vermeiden Sie in dieser Zeit möglichst Alkohol, Kaffee, Zigaretten und Süßigkeiten.

Neben der Cirin-Kur kann während der täglichen Meditationen (oder der Entspannungsübungen) ein Citrinstein aufgelegt werden. Zur Visualisierung dient der gelbe Strahl des Citrin, der mit seinem Licht alle Zellen des Körpers aktiviert.

2

Wer unter der Dunkelheit des Winterhalbjahres leidet, sollte sich ein Citrinbad gönnen (siehe Seite 34). Dieses Bad belebt ungemein und läßt unser inneres Licht wieder erstrahlen. Zusätzlich wird die Leuchtkraft unserer Aura auf eine höhere Frequenz gehoben. Wir fühlen uns leichter und heller.

3

Besonders wohltuend ist eine Massage mit Citrinöl. Geben Sie dazu etwas Öl auf die Haut Ihres Partners und massieren Sie seinen Körper. Beachten Sie dabei besonders die Linien rechts und links direkt neben der Wirbelsäule, streichen Sie mit sanftem Druck vom Haaransatz bis zum Steißbein. Hier liegen Nervendruckpunkte über die eine Entspannung des gesamten Körpers erreicht wird.

BEGLEITSÄTZE FÜR DIE BEHANDLUNG MIT DER CITRIN-ESSENZ

- Ich bin mir meiner selbst bewußt. Ich spüre die innere Kraft in mir.
- Ich finde die Orientierung in mir.
- Ich brauche die Umwelt als Spiegel nicht mehr. Ich weiß, daß ich bin.
- Ich bin geborgen in mir selbst.
- Ich erwache aus meiner selbstgewählten Dunkelheit, und ich öffne mich der Kraft des Lebens.

DER
SMARAGD

Der Smaragd war schon immer einer der edelsten und begehrtesten Steine der Welt. Er gehört zur Familie des Berylls. Seine unvergleichlich schöne Farbe, die an das zarte Frühlingsgrün erinnert, erhält der Smaragd aus minimalen Einlagerungen von Chrom.

DAS WESEN DER ESSENZ

Der Smaragd erinnert uns an das zarte Frühlingsgrün, das die Natur nach langem Winterschlaf hervorbringt. Und so steht er auch für Ausgleich und Harmonie im Spiel der Kräfte von Yin und Yang.

Schon Plinius im alten Rom berichtete, daß man mit einem Smaragd überanstrengte Augen heilen kann. Auch heute noch benetzen Edelsteinschleifer ihre angestrengten Augen mit Smaragdwasser. Seit Jahrtausenden ist der Stein für seine Heilkraft bekannt, und so ist es nicht verwunderlich, wenn in Lateinamerika und in Nordafrika viele Ärzte einen Smaragdring tragen. Denn es heißt, daß dieser Stein die Energie der Kranken transformiert und so nicht nur dem Patienten hilft, sondern auch den Arzt schützt. Man sagt: der Geist des Smaragds verwandelt alles Kranke in Gesundes.

Der Smaragd ist das Symbol für die Harmonie und den Ausgleich der Kräfte in der Natur und in uns.

Wir erleben diesen harmonischen Wechsel in der Natur zum Beispiel in der kalten und der warmen Jahreshälfte.

Auch wir leben mit diesen polaren Energiequalitäten, zwischen Tag und Nacht, Aktivität und Ruhe.

Die Smaragd-Essenz unterstützt die folgenden Aspekte der Persönlichkeitsentwicklung:

- Harmonisierung auf allen Ebenen
- Ausgeglichenheit
- Kontinuität
- Anpassung an neue Umgebung und Bedingungen
- Ausgleich nach aktuellen Schocks und Traumata
- das Zueigenmachen von Erfahrungen.

Deutlich zeigt sich das zum Beispiel im Erleben der weiblichen, also der inneren und intuitiven, der gefühlsmäßigen Seite und der männlichen, der aktiven Seite, die die rationale Sicht der Welt vertritt.

Im Smaragd-Zustand

Die Smaragd-Essenz erwirkt den Ausgleich auf allen Ebenen, das heißt zwischen Körper und Seele, Gefühl und Verstand, Angst und Mut, Aktivität und Ruhe...

Deshalb kann das äußere Auftreten eines Menschen, der die Smaragd-Essenz benötigt, auch ganz unterschiedlich sein. Dabei ist es grundsätzlich nicht wichtig, ob es momentane äußere Umstände sind, die uns aus der Balance werfen, oder ob sich dieser Zustand hauptsächlich auf der psychischen Ebene abspielt.

Alle diese Ebenen sind miteinander verbunden und bedingen einander. Allgemein kann man aber sagen: Menschen, die die Smaragd-Essenz brauchen, haben Probleme, ihre Balance zu finden. Die Smaragd-Essenz ist wesentlicher Bestandteil der Quint-Essenz (siehe Seite 123), die bei seelischen Erschütterungen gegeben werden kann.

Die äußeren Zeichen dieses Zustandes zeigen sich manchmal in Wechsel- und Sprunghaftigkeit.

Wird dies auf der Gefühlsebene erlebt, so denken wir zum Beispiel an den ewigen Teenager, der von einer Minute zur anderen überglücklich oder aber auch zu Tode betrübt sein kann. Diese Menschen stürzen von einem Extrem ins andere, weil sie hin- und hergerissen sind. Ihnen fehlt die Mitte, die innere Ruhe und der Ausgleich.

Eine andere Ausdrucksform dieses Zustandes erleben Menschen, die im wahrsten Sinne des Wortes noch keinen Standpunkt gefunden haben: Sie fragen ständig andere, was sie in ihrer Situation tun würden und werden auf diese Weise verunsichert..

Auch dem ewigen Zweifler tut die Smargad-Essenz gut. Er fühlt sich entzweit, kann die in sich lebenden und spürbaren Kräfte noch nicht vereinen. Er möchte gern glauben, kann aber nicht. Selbst wenn er sieht, daß etwas funktioniert, folgt das „Ja, aber...“.

Man ist in „Zwei-feln“ verstrickt, läßt sich hin und her treiben. Man hat sich „ent-zweit“ und sucht so sehr die Einheit in sich. Der Betroffene ist zutiefst verzweifelt. Die Smaragd-Essenz hilft hier, einen Schritt zur Einheit zu tun.

Disharmonie

Als Hilferuf in diesem Zustand formulieren wir dann folgende Sätze, die ganz gut beschreiben können, welche Qualitäten mit der Smaragd-Essenz in Verbindung stehen: – „Ich bin ganz außer mir!“ – „ Ich stehe heute neben mir!“– „Ich bin völlig neben der Kappe!“ – „Ich fühl mich, als ob ich nicht bei mir bin!“

Wir stehen uns selbst im Wege, weil wir den Zugang zu uns momentan nicht finden. Es gibt starke Disharmonien zwischen der körperlichen und der geistigen Ebene in uns.

Ursache für diese Zustände können für den Außenstehenden manchmal ganz kleine, scheinbar unwichtige Ereignisse sein.

Aber auch Schocks und Traumata in Form von Trennungen, Todesfällen, Kündigungen oder auch Unfällen können diesen Zustand hervorbringen. Massive Eingriffe in das Erleben und das Leben eines Menschen können eine plötzliche Verschiebung der Ebenen zur Folge haben. Man sagt, daß während eines Schocks die Seele für Augenblicke aus dem Körper tritt. Und dann kann es sein, daß unsere Seele sich in ihrem Haus, unserem Körper, nicht mehr zurechtfindet. Denn wir sind nicht mehr die gleichen.

TRAUMBILD SMARAGD

Integrieren Sie folgendes Bild in Ihre Meditation.
Stellen Sie sich vor, Sie sind von einem schützenden grünen Mantel umgeben.
Er hüllt Sie ein, beengt Sie aber nicht.
Atmen Sie bewußt ein und aus, fühlen Sie sich warm und geborgen.
Falls Sie spüren, daß der Mantel noch nicht richtig sitzt, legen Sie ihn so um sich, daß er sich gut für Sie anfühlt. Visualisieren Sie dieses Bild so lange, bis Sie das Gefühl haben, daß er Sie vollkommen umgibt. Nun sind Sie geborgen, sicher und warm.
Spüren Sie Ihre Mitte, und nehmen Sie grünes Licht des Smaragds in sich auf.
Beim Ausatmen lassen Sie alles los, was ab heute nicht mehr zu Ihnen gehört.

Unser feinstofflicher Körper durchdringt unseren physischen Körper und umhüllt ihn auch außerhalb normalerweise gleichmäßig. Er gewährt uns Schutz. Durch die oben genannten Ereignisse, aber auch durch ein Leben, das ständig an unserem Selbst vorbei geht, kann es passieren, daß zum Beispiel ein Teil unseres Körpers nicht mehr gleich stark von dieser Schutzhülle, der Aura, umgeben ist. Das macht uns empfindlicher, und wir fühlen uns schutzlos. Wir sind nicht bei uns, fühlen uns „daneben". Dann ist es wichtig, diesen Schutzmantel wieder gleichmäßig um uns zu legen. Und eben diese Regeneration, diese Harmonisierung, fördert die Smaragd-Essenz.

Einen vorübergehenden blockierten Smaragd-Zustand erleben wir oft auf Reisen. Besonders lange Flüge belasten uns. Es mag daran liegen, daß wir von unserem natürlichen Lebensraum, der Erde, enthoben sind. Man sagt ja nicht umsonst nach einer langen Reise, daß der Körper schon am Ziel ist, die Seele aber erst nach zwei oder auch drei Tagen nachkommt.

Bei diesen Umstellungen kann uns die Smaragd-Essenz wieder auf die Beine helfen.

Auch bei den Folgen einer Reizüberflutung durch lange Nächte und einem Kater am Morgen, nach endlosen Abenden vor dem Fernseher und dem Computer- oder wenn uns nach dem Besuch einer Disco oder eines Konzertes noch die Ohren klingeln –, verhilft die Einnahme der Smaragd-Essenz schnell zum Ausgleich und zur Regeneration.

ENTWICKLUNG DER PERSÖNLICHKEIT

Eine besondere Bedeutung kommt dieser Essenz aber auch während der Behandlung mit den anderen Steinessenzen zu – und zwar folgende:

Solange wir leben, befinden wir uns in einem ständigen Erkenntnisprozeß. Wir erleben viel

Neues, lernen ständig in unserem Leben hinzu. Aber all das ist uns erst von Nutzen, wenn wir es uns „zu eigen" machen. Das heißt, wir müssen es sozusagen an der richtigen Stelle in uns „abgelegen" und als Erfahrung nutzbar machen.

Das passiert nicht immer, besonders dann nicht, wenn wir uns dessen nicht bewußt sind, oder wenn wir ganz „außer uns", also nicht in unserer Mitte sind. Alle KATMA-Edelstein-Essenzen verhelfen uns zu einer bewußteren Sicht der Dinge, die Smargad-Essenz „räumt" sozusagen nach jeder Behandlung auf, harmonisiert und gleicht aus.

All dies passiert auf der feinstofflichen Ebene. Ich nenne diesen Vorgang das Verweben und Festigen von Erfahrungen. Wir können uns das so vorstellen: Wir sind wie ein Kreuzworträtsel, wir haben bestimmte Grundlagen in Form von Begabungen und Interessen in uns angelegt. Während des Lernprozesses auf der Erde ist es unsere Aufgabe, unsere Persönlichkeitsstruktur zu vervollkommnen. Erfahrungen bieten uns dazu die Chance. Die Smaragd-Essenz sorgt sozusagen dafür, daß die Erfahrungen, die wir machen, genau an der Stelle abgelegt werden, wo sie hingehören, um ein einheitliches Ganzes zu ergeben. In unserem „Kreuzworträtsel" würden sie also die Lösungsbuchstaben ergeben.

KÖRPER UND STEIN

Der Smaragd steht in Verbindung mit unserem Herzzentrum (siehe Seite 24/25). Es versorgt das Herz, die Schultern, den Brustkorb und die Lunge mit Energie. Der Smaragd wirkt besonders auf die Heilung des Herzchakras (siehe Seite 24/25). Hier vermag er, die Energie zu reinigen und ins Gleichgewicht zu bringen. Erst dann können Harmonie und Herzenswärme entstehen. Der Smaragd wirkt ausgleichend auf den Herz- und Nierenmeridian. Er macht diese Energiestraßen durchlässiger für die feinstoffliche Energie.

Was die Essenz bewirken kann

Die Smaragd-Essenz hilft auch auf der körperlichen Ebene bei Problemen, die durch eine Disharmonie im Zusammenspiel unserer Kräfte entstehen.

1

Nehmen wir als Beispiel die Schlaflosigkeit. Der Grund dafür ist das Unvermögen des Körpers, sich von der aktiven Phase (Tag) in die passive entspannende Phase (Nacht) zu begeben. Das wiederum kann verschiedene Ursachen haben: Sorgen und Probleme, mit denen man sich herumschlägt, aber auch Überanstrengung und Streß im Beruf. Die Smaragd-Essenz hilft, das Gleichgewicht der Kräfte wieder herzustellen mit dem Ergebnis, daß der Körper eine Entspannungsphase zuläßt.

2

Auch Kopf-, Augen- und Ohrenschmerzen, die durch eine Überreizung der Sinneseindrücke entstanden, können reguliert und harmonisiert werden.

3

Erleichtern kann der Smaragd auch hormonelle Umstellungen (Schwangerschaft oder Wechseljahre). Neben der Mondstein-Essenz schafft die Smaragd-Essenz hier den nötigen Ausgleich.

4

Gleichgewichtsstörungen sind die körperlichen Zeichen für ein Ungleichgewicht im Inneren . Auch hier kann uns die Smaragd-Essenz helfen, wieder ins Lot zu kommen. Bei einer Übersäuerung des Organismus durch einseitige Ernährung hat die Kraft des Smaragds ausgleichende Wirkung. Für das Nervensystem hat der Smaragd eine neutralisierende Funktion, er beruhigt die Nerven.

Unterstützende Essenzen

Neben der Quint-Essenz kann auch die Smargad-Essenz diese ersten Erschütterungen der Seele lindern. Später dann sollte die Mondstein-Essenz genommen werden (siehe Seite 54), damit die Verletzungen auf der Gefühlsebene erfaßt und ausgedrückt werden können. Das braucht eine Zeit der Verarbeitung und der Regeneration. Die Smaragd-Essenz kann, wenn sie ab und zu zwischendurch genommen wird, diese Wiederherstellung des Gleichgewichtes fördern und beschleunigen.

Heilende Impulse

1

Wenn Sie unter Schlafstörungen leiden, raten wir Ihnen dies:
Geben Sie in eine Sprühflasche 10 Tropfen der Smaragd-Essenz und füllen Sie die Flasche nun mit destilliertem Wasser auf. Besprühen Sie Ihre Bettwäsche und Ihre nähere Umgebung im Schlafzimmer. Bevor Sie ins Bett gehen, trinken Sie ein Glas mit 1 bis 2 Tropfen Smaragd-Essenz. Trinken Sie dieses Glas mit dem Gedanken, daß Sie nun wunderbar einschlafen werden, den Alltagsstreß loslassen und sich die wohlverdiente Ruhe gönnen.

2

Wenn Sie sich gerade von den Heilqualitäten des Smaragdes angesprochen fühlen, gönnen Sie sich ein Smaragdbad (siehe Seite 34). Lösen Sie einige Tropfen der Essenz in warmem Wasser auf und geben Sie diese Mischung zu Ihrem Badezusatz. Dieser sollte möglichst natürlich sein, also zum Beispiel ein Öl-, Algen- oder Moorbad. Wenn Sie einen Smaragd haben, können sie diesen natürlich auch direkt in einem Baumwoll- oder Leinensäckchen ins Badewasser hängen.

3

Auch Ihr Haustier freut sich über etwas Smaragd-Essenz im Futter, oder aber auch im Trinkwasser. Bei Parasitenbefall hilft die Essenz, die Folgen zu lindern und das natürliche Gleichgewicht wiederherzustellen. Aber Vorsicht! Nicht überdosieren. Machen Sie am besten erst eine Mischung in einer kleinen Pipettenflasche fertig, und geben Sie dann Ihrem Tier einige Tropfen.

4

Wenn Sie gern schwimmen gehen, dann können Sie die Harmonisierung von Körper und Seele auf folgende Weise unterstützen. Tauchen Sie für einen Moment ganz unter und stellen Sie sich vor, wie Ihr feinstofflicher Körper und Ihr physischer Körper sich ausgleichen. Sehen Sie in Gedanken, wenn Sie aus dem Naß auftauchen, wie Sie nun wieder vollständig von Ihrer Aura geschützt sind.

BEGLEITSÄTZE FÜR DIE BEHANDLUNG MIT DER SMARAGD-ESSENZ

- Ich verwebe neue Erfahrungen mit meinen Erkenntnissen.
- Ich finde meinen eigenen Rhythmus.
- Ich bin in meiner Mitte aufgehoben und geborgen.
- In mir ist vollkommene Harmonie.

DER
ROSENQUARZ

Der Rosenquarz wurde schon im Altertum mit den Attributen der Schönheit und Sanftmut in Verbindung gebracht. Der rosa Quarz wird vornehmlich in Brasilien und Madagaskar gefunden. Man schenkt in diesen und anderen Ländern jungen Mädchen gerne Rosenquarzketten, damit sich ihre Schönheit entfalten kann. Aber auch Männer schätzen den Stein und tragen ihn als Handschmeichler. Seine schöne rosa Farbe erhält er durch Anteile von Mangan.

DAS WESEN DER ESSENZ

Die Rosenquarz-Essenz erweckt Gefühle von Sanftmut, Zärtlichkeit und Herzlichkeit. Dabei geht es zuerst einmal darum, diese Emotionen in uns selbst zu entdecken, um sie dann auch in unsere Umwelt auszustrahlen. Ziel ist es, sie über die Verbindung von Gefühl – Körper – Umwelt zum Fließen zu bringen. Diese drei Ebenen stehen in enger Beziehung zueinander. Der Körper ist hier das zentrale Bindeglied, denn er ist Vermittler und gleichzeitig auch Grenze zwischen Innen und Außen. Durch ihn drückt sich unser Selbst aus und kann mit der Umwelt in Kontakt treten. Egal was wir tun, immer bleibt der Körper die Ausdrucksform unseres Inneren – ob durch Berührung, Gesten oder die alltägliche Arbeit.

Die Beziehung Gefühl – Körper läßt sich am treffendsten mit dem Wort "Körpergefühl" beschreiben. Und das besitzen viele von uns nicht mehr. Hören wir doch einmal in uns hinein: Haben wir uns akzeptiert und angenommen? Was gefällt, was stört uns an unserem Körper und – haben wir nicht Maßstäbe von außen übernommen, die nicht die unseren sind? Um auf diese Fragen Antworten zu erhalten, müssen wir unsere Körper-Gefühle entdekken. Das Wesen des Rosenquarzes begleitet uns auf diesem Weg.

Die Rosenquarz-Essenz unterstützt die folgenden Aspekte der Persönlichkeitsentwicklung:

- Sanftmut und Schönheit
- Zärtlichkeit
- Heilung der Verbindung von Gefühl – Körper – Umwelt
- Fähigkeit, den eigenen Körper anzunehmen
- Fähigkeit, positive Gefühle auszudrücken

Im Rosenquarz Zustand

Viele Menschen, die Rosenquarz-Essenz benötigen, fühlen sich im eigenen Körper fremd. Sie sind nicht Zuhause in ihrem Haus, dem Körper. Vielleicht sind sie auch nie wirklich eingezogen. In Zeiten, in denen die Körperlichkeit so stark in den Vordergrund rückt, fühlen sie sich ausgeschlossen.

Sie meiden den Blick in den Spiegel oder betrachten sich mit Unbehagen, ja manchmal sogar mit Abscheu. Unbarmherzig werden die „körperlichen Defekte“ unter die Lupe genommen. Diese Gefühle von Ablehnung und Haß sich selbst gegenüber machen krank und bohren sich wie Giftpfeile in ihr Innerstes. Aus lauter Frust stopfen sie sich nun solange mit Schokolade oder Kuchen voll, bis sie sich das nächste Mal als noch furchtbarer, noch verabscheuungswürdiger empfinden.

Andere gehen in die Offensive und wählen den aktiven Weg. Im Fitneßstudios fordern sie ihrem Körper Unmenschliches ab, schlucken bisweilen sogar gefährliche Muskeldrogen. Gesundheitliche Folgen schrecken sie nicht. Ohne Rücksicht auf sich nehmen sie alles, um sich dem Idealbild anzunähern.

Egal, wie sich das gestörte Körpergefühl äußert, eine Ursache der Probleme liegt in der Diskrepanz von Vorstellung und Realität. Der fatale Irrtum dieses Zustandes: Wir akzeptieren das zeitgemäße Körperideal als für uns maßgeblich. Den Körper sehen wir als isolierte Erscheinung und vergessen dabei, daß er, seine Haltung und auch die scheinbaren Mängel, uns zeigen, wo es bei uns im argen liegt. Und so ist unser Spiegelbild auch ein Wegweiser auf der Suche nach uns selbst. Die Rosenquarz-Essenz kann deshalb auch ganzheitliche Körpertherapien wie zum Beispiel die Alexander-Technik, die Feldenkrais Methode oder Tanz-Therapien unterstützen. Ziel all dieser Übungen ist es, den Kontakt zwischen körperlicher und geistig-emotionaler Ebene wiederherzustellen, damit sich Blockaden lösen können. Denn wenn wir innere Konflikte nicht erlösen, suchen sie sich einen „Notausgang“, um ans Tageslicht zu gelangen.

Dieses „Bewußtseins-Training“ für Körper und Geist hilft dabei, unser Körper-Gefühl wiederzuentdecken. Wir lernen, unserem Körper die Bedeutung zu geben, die ihm gebührt. Dabei erkennen wir, daß wir eine ganz eigene Schönheit besitzen, unabhängig davon, was im Moment gerade „ in“ ist. Und – wir entdecken uns.

DIE INNERE AUSSÖHNUNG

Das Sich-Annehmen heißt aber nicht, daß wir nichts für unseren Körper tun sollten. Yoga, Sport und Spaziergänge sind sinnvolle Wege, die Körperlichkeit bewußter zu erleben. Häufig belastet uns die Arbeit zu einseitig. Darum sind etwa Rückenprobleme zu einer neuen Volkskrankheit geworden. Doch die Betonung liegt hier auf etwas „für“ den Körper tun. Manche von uns jedoch arbeiten „gegen“ ihn. Sie mißachten körperliche Signale wie Schmerz und Erschöpfung und kämpfen unverdrossen gegen den Körper. Sie beweisen sich, daß sie ihn doch überlisten konnten. Denn nach dieser Marter fühlt man sich wieder. Der Körper schmerzt, aber man spürt ihn! Und so ersetzen die erquälten Gefühle die wahren Körpergefühle, die nicht mehr erlebt werden können, zugedeckt von einer Muskelmasse an Körperlichkeit.

Warum der Körper für so vieles herhalten muß, was uns Probleme bereitet, ist ganz einfach zu erklären. Er ist das einzig Greifbare an uns. Er ist sichtbar, fühlbar für uns selbst und andere. Er grenzt uns von der Umwelt ab und ist zugleich die Verbindung von uns zu ihr.

Im Gegensatz zur Citrin-Essenz, die Menschen hilft, die sich ihrer nicht bewußt sind, schafft das Wesen der Rosenquarz-Essenz wieder eine Einheit von Gefühl und Körper. Wir lernen, sanfter mit uns umzugehen, uns zu akzeptieren und anzunehmen.

Schritt für Schritt

Nachdem wir über die innere Seite, der Beziehung von Gefühl und Körper, gesprochen haben, wenden wir uns der äußeren zu: dem Ausdruck der Gefühle unserer Umwelt gegenüber. Alle Menschen, mit denen wir zu tun haben, befinden sich aus unserer Sicht Außen. Der Körper gibt uns die Möglichkeit, unsere Empfindungen auszudrücken. So sagen wir jemanden, daß wir ihn gern haben, wir streicheln ihn oder schauen ihn liebevoll an. Immer ist es der Körper, der unsere Gefühle transportiert. Viele Menschen aber haben Schwierigkeiten, zärtliche und sanfte Gefühle zu zeigen.

Ursache dieses Nicht-Aus-Sich-Herauskönnens ist eine Hilflosigkeit und Unsicherheit der Menschen sich selbst gegenüber – ja, auch die Angst, zurückgewiesen oder verletzt zu werden. Wir kennen zahlreiche Ausdrucksformen dieses Zustandes. Der Mensch, der sich scheinbar nicht freuen kann oder unfähig ist, Liebe zu zeigen. Ihn packen wir in die Schublade mit der Aufschrift: gefühlskalt. Völlig zu Unrecht, denn natürlich fühlt auch er, nur kann er es nicht zeigen. Der Weg: Gefühl – Körper- Umwelt ist blokkiert, der Mensch in sich gefangen.

Oft sind solche Menschen schon früh zurückgewiesen worden. Sie treffen nach dieser Enttäuschung die Entscheidung: Nur nicht zeigen, was ich fühle, ich könnte (wieder) verletzt werden. Immer cool sein ist die Devise, bloß keine Emotionen offenbaren. Unbewußt sind sie davon überzeugt: die Welt schuldet mir etwas. Sie gehen nicht mehr nach außen, sondern warten, bis jemand auf zu sie zukommt. Ein Mißverhältnis von Geben und Nehmen ist dann die Folge.

Im Fluß des Lebens

Denn wer ständig darauf wartet zu bekommen, kann nicht mehr geben. Er hält alles fest, was er besitzt, auch seine Gefühle, und stellt sich dadurch selbst ins Abseits. Sich dem Fluß des Lebens wieder hinzugeben, heißt: geben lernen. Die Rosenquarz-Essenz hilft uns dabei, die Gefühle auszudrücken, die wir empfinden. Damit wir lernen, zu geben. Wir erfahren, daß Geben und Nehmen einander bedingen und die zwei Seiten einer Medaille sind. Wir erleben, daß die Fähigkeit des Vergebens ein wichtiger Schritt ist, sich aus der unbeweglichen Starre früherer Verletzungen zu befreien.

Der Rosenquarz ist ein wahrer Seelenstreichler. Seine Energien regen zu tief empfundener Herzlichkeit an. Durch die Sanftheit seiner Ausstrahlung fühlen wir uns während der Einnahme, aber auch beim Tragen dieses Steines, wie innerlich gestreichelt und können diese Gefühle nach Außen ausstrahlen. Wir schließen uns der Welt wieder an und sind daher imstande, uns, und damit auch den Mitmenschen, wieder zärtlich und liebevoll zu begegnen.

Die Rosenquarz-Essenz wirkt also auf die Fähigkeit, Gefühle der Zärtlichkeit und Liebe auszudrücken. Sie harmonisiert den gesamten Gefühlshaushalt und bringt gestaute Emotionen wieder in den natürlichen Fluß.

Die Rosenquarz-Essenz kann auch als vorbereitende Behandlung vor der Rubin-Essenz genommen werden.

TRAUMBILD ROSENQUARZ

Ich sitze vor einem Spiegel und atme tief und gleichmäßig.
Ich sehe in meine Augen und halte den Blick bis ich spüre, daß ich Kontakt zu meiner Seele gefunden habe. Nun schaue ich mich an.
Mit anderen Augen, mit den Augen meiner Seele.
Zuerst blicke ich in mein Gesicht und sehe, daß ich angespannt bin.
Mit jedem Atemzug löst sich die Spannung in mir.
Nun schaue ich meinen Körper an und versuche, ihn überall zu fühlen.
Mit geschlossenen Augen gehe ich in Gedanken die Stellen, die ich bisher ablehnte.Jetzt möchte ich sie annehmen – sie gehören zu mir. Mit jedem Atemzug strömt rosa Licht in meinen Körper.
Die Stellen, mit denen ich Probleme hatte, erhalten besonders viel Rosa.

KÖRPER UND STEIN

Die Energie des Rosenquarzes korrespondiert mit dem Herzzentrum. Von hier aus werden die Lungen, das Herz, der Brustkorb und die Schultern mit Energie versorgt. Rosenquarz hat auf der körperlichen Ebene die Fähigkeit, uns für die Empfindungen des Lebens zu öffnen. Die Sensibilität der Haut als größtes Sinnesorgan wird gesteigert. Wir empfinden das Tasten und Spüren viel bewußter. Durch seine energetische Reinigungs- und Harmonisierungskraft ist er auch zur begleitenden Behandlung von Herzkrankheiten geeignet. Er hilft, das Herz zu öffnen.

Menschen, die das Gefühl haben, als seien ihnen die Hände gebunden, können diese Unbeweglichkeit mit Hilfe der Rosenquarz-Essenz abbauen. Sie sind dann wieder in der Lage, einen geliebten Menschen in den Arm zu nehmen, oder ihm auch einfach nur die Hand zu reichen. Manchmal manifestiert sich die Unbeweglichkeit auch auf der körperlichen Ebene durch Krankheiten des Bewegungsapparates. Gelenkschmerzen und Arthrosen können die Folge sein. Auch Menschen, die unter ihren Launen zu leiden haben, kann die Energie des Rosenquarz helfen.

Heilende Impulse

1

Seien Sie gut zu sich. Gönnen Sie sich etwas. Wie wär's zum Beispiel mit einem Pflegetag nur für Sie allein. Gehen Sie zu einer Kosmetikbehandlung oder zur Massage (viele Kosmetikinstitute bieten Herrentage an und die Behandlungen sind selbstverständlich auch für Männer eine Wohltat). Wenn Sie sich lieber zu Hause verwöhnen möchten – tun Sie es! Planen Sie eine Bürstenmassage für Ihren Körper ein und tauchen Sie in ein Pflegebad Ihrer Wahl. Nur für eines sollten Sie heute Ihre Seele öffnen: Spüren Sie das Wasser an Ihrer Haut und fühlen Sie sich in Ihren Körper hinein.

Cremen Sie nach dem Bad Ihre Haut mit einer Lotion oder einem duftenden Öl. Kuscheln Sie sich in den Bademantel und genießen Sie bei schöner Musik (zum Beispiel bei „Air" von Bach) diesen Tag.

Nehmen Sie sich auch für den Abend etwas Schönes vor. Versuchen Sie nun, nachdem Sie sich so viel Gutes getan haben, den Menschen, die Sie lieben, auch etwas von Ihrer Freude mitzuteilen und zu geben.

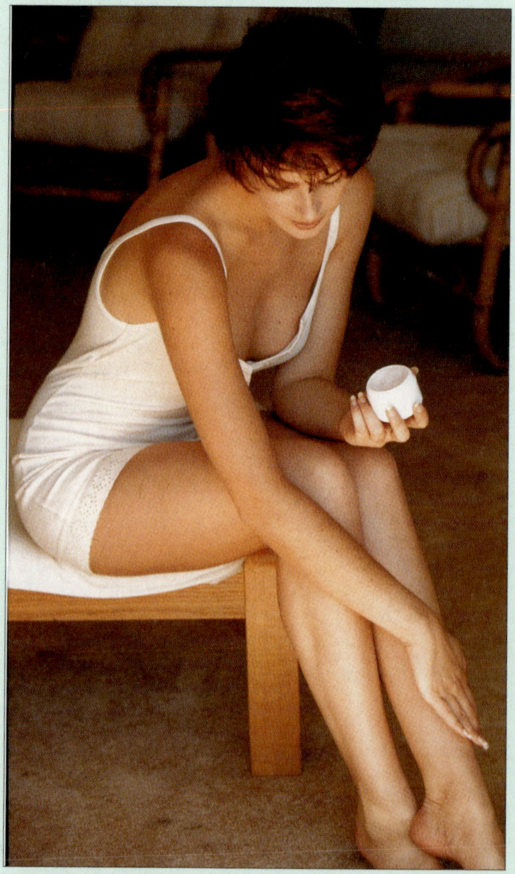

2

Tragen Sie auf Ihrer Haut doch einmal Streichelmaterial pur. Ich meine hier zum Beispiel samtweiche Seide. Seide ist eine Naturfaser, die Ihnen bei Kälte Wärme schenkt, bei Hitze jedoch angenehm kühl auf der Haut ist. Das Gefühl, Seide auf der Haut zu tragen, ist wichtig für Sie.

3

Nehmen Sie einen Handschmeichler aus Rosenquarz mit auf all Ihren Wegen. Halten Sie ihn in der Hand und spüren Sie die wohltuende Kraft, die er ausstrahlt.

4

Wenn Ihre Kinder hyperaktiv sind, oder Ihr Baby viel schreit, kann die Energie des Rosenquarz sehr hilfreich sein und die Kinder beruhigen. Geben Sie einfach einen Tropfen Rosenquarz-Essenz in ein Glas mit Wasser oder auch direkt auf die Zunge. Auch ein Handstein für Ihr Kind kann weiterhelfen. Achten Sie dann aber darauf, daß er groß genug ist und nicht verschluckt werden kann.

Unterscheidung:

Lapislazuli-Essenz: Die Lapislazuli-Essenz steht für die Fähigkeit, unbestimmte Gefühle durch bewußte Erkenntnis emporzuheben, sie zu akzeptieren und aufzulösen.

Rosenquarz-Essenz: Im Vordergrund steht die fließende Verbindung von: Gefühl-Körper-Umwelt. Auf der inneren Ebene geht es zunächst darum, sanfte Gefühle für den eigenen Körper zu entwickeln, ihn anzunehmen und zu akzeptieren. Die äußere Ebene erlaubt uns, Emotionen zu zeigen.

BEGLEITSÄTZE FÜR DIE BEHANDLUNG MIT DER ROSENQUARZ-ESSENZ

- Ich akzeptiere meinen Körper ganz so, wie er ist.
- Ich spüre Zärtlichkeit und Sanftmut in mir.
- Die Welt ist mir nichts schuldig.
- Ich kann liebevolle Gefühle zeigen.
- Ich vergebe allen, die mich verletzt haben.

DER MALACHIT

Der Malachit erscheint in verschiedenen Grüntönen, denen manchmal auch etwas Blau beigemischt ist. Er wird in den Verwitterungszonen von Kupfererzlagerstätten gefunden und besitzt einen glasigen Glanz. Der Stein ist dicht und durchsichtig, und er zeigt verschiedene Muster und Strukturen.

DAS WESEN DER ESSENZ

Seit dem Altertum ist der Malachit ein sehr beliebter Edelstein, der den Wandel aller Dinge symbolisiert. Unter den KATMA-Edelsteinessenzen nimmt die Malachit-Essenz eine zentrale Stellung ein. Denn seine Kraft hilft uns, Ängste aufzulösen. Diese Ängste können bewußt oder unbewußt sein.

Bewußte Ängste kennen wir alle. Nennen wollen wir zum Beispiel die vor Alter, Krankheit, Tod..., aber auch Verlassenheits- und Versagensängste. Diese Aufzählung könnte fortgeführt werden, denn Angst ist das zentrale Thema unseres Daseins. Doch neben den faßbaren Ängsten kennen wir auch eine unbewußte Angst. Sie liegt tiefer. Wir fühlen sie in uns und können sie weder fassen noch erklären. Sie ist etwas, was uns ständig begleitet. Doch wo liegen die Gründe für diese Angst, auf deren Grundlage alle anderen konkreten Ängste entstehen?

Unser Leben ist erfüllt von Trennungen und Loslösungen: Wir verabschieden uns von jemandem. Eine Freundschaft endet plötzlich, oder wir lassen uns scheiden. Wir verlassen das Elternhaus, und später dann gehen die Kinder ihre eigenen Wege...

Doch beginnen wir einmal ganz von vorne. Wie sieht unser erstes Erlebnis der Trennung aus? Während des Geburtsvorganges nehmen wir Abschied von der schützenden und warmen Umgebung des Mutterleibes. Alles, was wir ab jetzt erleben, ist neu. Wir kommen aus einer körperlosen Welt ohne Begrenzungen und begrenzen uns nun selbst durch unseren Körper.

Wir treten aus der Einheit in die Welt der Dualität. Und so ist es die Angst, die der erste Begleiter in unserem Leben wird. Sie ist die Uremotion, das erste Gefühl – aus der alle weiteren Probleme in unserem Leben entstehen.

Von nun an erleben wir Ereignisse in unserem Leben entweder als gut oder schlecht für uns.

Wir machen Erlebnisse und Erfahrungen, die uns ängstigen. Wie muß es wohl sein, aus einem wohlig warmen Bauch in die grelle Atmosphäre und die Lautstärke des Kreißsaals geboren zu werden, der ja für die meisten der erste Kontakt mit der neuen Daseinsform ist?

Das Geburtstrauma hinterläßt seine Spuren. Alles Unbekannte erzeugt Angst und Unsicherheit. Oft nur für Momente, denn als Kinder haben wir im Herzen auch das Gefühl des Einseins und sind noch die Bürger einer anderen Welt. Erst mit der Zeit vergessen wir diese innere Gewißheit und Geborgenheit, das tiefe Vertrauen in uns und in unsere Umgebung.

Diese Urangst ist uns nicht immer bewußt. Deshalb trägt sie verschiedene Masken. Diese Masken erkennen wir, sie sind konkret:

Angst haben wir vor etwas, was uns unbekannt oder fremd erscheint und was deshalb nicht zu uns gehört.

Die Angst vor dem Älterwerden, die wir in einer typischen Form als Midlife crisis erleben, ist die Angst vor dem Wandel: Die Angst, die Jugend zu verlieren, die mit einem veränderten Äußeren einhergeht und die Angst davor, dem „Ende“ immer näher zu kommen, ist die Unfähigkeit, sich dem

Die Malachit-Essenz unterstützt die folgenden Aspekte der Persönlichkeitsentwicklung:

- Hilfe beim Auflösen von Ängsten
- Fähigkeit, Neues zu wagen
- Vom Stillstand durch Angst zum Weitergehen durch Vertrauen
- Erkenntnis, daß Angst das Urgefühl ist
- Vom Festhalten zum Loslassen

Leben mit seinen Veränderungen hinzugeben. Auch das Gefühl, vielleicht bald nicht mehr im Berufsleben akzeptiert zu werden, als altes Eisen in den Ruhestand zu gehen, läßt viele Menschen nicht mehr ruhig schlafen. Sie fühlen sich nur dann als vollwertig, wenn sie sich über ihre Arbeit und andere Menschen definieren.

Solange wir aber glauben, einer Sache, oder eines anderen Menschen zu bedürfen, um selbst ganz zu sein, verlassen wir uns auf das Äußere um uns herum. Wir setzen auf die äußere Welt. Sie soll uns helfen zu wachsen und zu überleben. Wir geben alles aus der Hand. Doch wenn wir die Verantwortung anderen überlassen, wird unser Leben fremdbestimmt. Wir leben nicht unser Leben und damit an unserer Bestimmung und unserem Lernstoff vorbei. Wenn wir aber bewußt erkennen, daß wir es sind, die die Kraft haben, unser Leben so zu formen wie wir es wollen, wovor haben wir dann noch Angst?

Ein Beispiel kann uns zeigen, wie eine Angst uns den Weg zu uns selbst weisen kann:

Viele Menschen versuchen, die Jugend durch besonders jugendliche Kleidung oder auch durch ein jugendliches Äußeres festzuhalten.

Warum nur aber ist es ein Makel, „reich an Jahren“ zu sein?! Warum vergessen wir dabei, daß jeder, der sein Leben bewußt lebt, mit jedem Jahr auch ein Mehr an Weisheit und Lebenserfahrung erntet? Die Antwort ist ganz einfach!

Wir haben seit unserer Geburt gelernt, daß das Äußere besonders wichtig ist. Dies suggeriert uns die materielle Welt ja auch. Aber ist es nicht ganz klar, daß die materielle Welt sich nur materiell, also äußerlich, zeigen kann?! Die innere Welt aber kann nur von uns allein entdeckt werden. Niemand kann uns diesen Weg abnehmen. Wenn wir das erkennen, dann lösen wir Stück für Stück die Grundlage unserer Ängste auf. Wir lösen uns von den äußerlichen Maßstäben, mit denen wir bisher gemessen haben und aus denen die speziellen Ängste erwuchsen. Wir erleben die Schau nach innen und entdecken zunehmend, daß unser eigentliches Wesen frei von Angst ist.

Angst bedeutet immer Stillstand in einem Bereich, bisweilen auch in vielen Bereichen des Lebens. Angst heißt weiterhin, zuzumachen und zu verkrampfen. Festhalten ist ein Ergebnis der Angst, es bedeutet, eine Faust zu machen. Doch für diese Faust brauchen wir Energie, die uns anderswo fehlt.

Angstfrei leben

Nur wenn wir die Hand öffnen, können wir etwas empfangen und geben. Festhalten führt immer zum Loslassen-Müssen. Die Angst ist eine passive innere und stille Energie, die die Unfähigkeit ausdrückt, sich dem Leben hinzugeben.

Sie kann aber auch einen aktiven äußeren Weg gehen. Durch Emotionen wie Wut und Zorn kann sich die Angst einen Weg nach außen bahnen. Häufig sind diese Ausdrucksformen notwendig, um in unser Bewußtsein zu gelangen.

Sie bringen Bewegung – wenn auch oft destruktive – in den Organismus und das Gefühlsleben. Damit versucht die dahinterliegende Angst, sich bemerkbar zu machen. Wir wissen oft nicht, warum wir in diese Gefühle fallen und fühlen uns hoffnungslos ausgeliefert. Für die Beruhigung dieser Ausdrucksformen bietet sich für den Augenblick zuerst einmal die Lapislazuli-Essenz an (siehe Seite 96). Sie kann uns helfen, wieder zu uns zu finden. Während Wut und Zorn die Angst verdecken, geben sie nach diesem Gewitter den Blick wieder frei. Die Malachit-Essenz führt uns aber auch in die tieferen subtilen Schichten unserer Angst. Wenn wir erfühlen, erfahren und manifestieren, daß wir ein Teil des unbegrenzten, allumfassenden Bewußtseins sind, können wir auch diese Schichten der Angst erlösen. Das Wesen der Malachit-Essenz verbindet uns mit dem Kern in uns, der das Bewußtsein der Einheit in sich trägt. Wir erkennen die Angst mit ihren vielen Verkleidungen und sind in der Lage, uns von der inneren Weisheit führen lassen. Bei der Einnahme der Malachit-Essenz wird uns bewußt, daß das ständige gedankliche Kreisen um Ängste und Sorgen dazu führt, daß unsere Befürchtungen sich verwirklichen, weil die äußere Wirklichkeit eine Projektion der inneren ist (siehe auch Herkimer-Essenz, Seite 110).

Wir erhalten Kraft und Einsicht, uns Stück für Stück von der Angst zu verabschieden. Diese erlöste Energie der Angst transformiert sich in tiefes Vertrauen in uns und unser Leben.

So stellt die Angst auch immer einen Impuls zur wahren Freiheit dar. Nämlich dann, wenn wir die Angst überwinden lernen und uns von ihrer lähmenden Kraft befreien. Dann kommen wir mit Riesenschritten in unserer Entwicklung voran. Wo wir aber im Zustand der Angst verharren oder ihn gar festhalten, schwächen wir schleichend unsere Lebenskraft. Denn diese Angst zu erhalten oder zu nähren, bedarf es sehr viel Energie, die uns für andere Bereiche des Lebens nicht mehr zur Verfügung steht.

Unterstützende Essenzen: Die Malachit-Essenz kann auch mit der Bergkristall-Essenz eingenommen werden. Die Angst ist Dunkelheit. Das Dunkel an sich aber ist kein eigener Zustand, sondern stellt lediglich die Abwesenheit des Lichtes dar. Der Bergkristall ist der Lichtbringer unter den KATMA-Essenzen und kann deshalb beim Auflösen von Ängsten behilflich sein.

TRAUMBILD MALACHIT

Ich schließe meine Augen und atme tief und regelmäßig. In Gedanken gehe ich zu meinem Solarplexus.
Ich empfinde Enge und spüre, daß mein Atem hier nicht ungehindert fließen kann. Überall herrscht Dunkelheit und Enge. Diese Dunkelheit sind meine Ängste. Es ist, als ob ein langes schwarzes Seidentuch sich gefangen und dann ineinander verknotet hat.
Hinter dieser Dunkelheit sehe ich Licht, aber es vermag nicht, zu mir vorzudringen. Zu groß und mächtig versperren die Angstknoten den Weg. Ich möchte sie lösen, die Knoten der Angst.
Sie behindern mich.
Deshalb suche ich das Ende des Seidentuches, den letzten Knoten.
Hier sitzt die Angst.
Vorsichtig löse ich den Knoten.
Nun wird es hell.

KÖRPER UND STEIN

Die Kraft des Malachit wirkt auf das Energiezentrum des Herzens und korrespondiert mit dem Zentrum des Solarplexus (siehe Seite 24/25). Zwischen diesen beiden Zentren gibt es eine Stelle, die als energetische Müllgrube bezeichnet wird. Sie befindet sich direkt auf dem Solarplexus, der untersten Stelle des Brustbeins in der Mitte. Wenn wir sie mit leichtem Druck berühren, dann ist dies oft sehr unangenehm, ja manchmal sogar schmerzhaft. Hier finden wir den Eingang zum Sitz der unverdauten Gefühle, aber auch der Ängste, die wir mit uns herumschleppen.

Was die Essenz bewirken kann

Wir können, wenn wir die Essenz des Malachit oder auch den Stein auf diese Stelle geben, eine Harmonisierung und Auflösung dieser festen, stagnierenden Energien erreichen. Wenn wir Angst haben, verkrampfen wir uns innerlich.

So sind Ängste verdichtete Stellen in unserem Energiesystem, die deshalb nicht oder nicht ausreichend von Licht durchflutet werden. Hier haben wir Erfahrungen gespeichert, die uns ängstigen. Doch wo kein Licht ist, kann nichts wachsen. Überall, wo Dunkelheit und Verengung sind, empfinden wir psychische und – wenn sich diese materialisieren – auch körperliche Schmerzen.

Wir können aber die Dunkelheit auflösen, indem wir sie mit Licht durchfluten. Jetzt erwacht alles zu neuem Leben, und wir werden wieder ein Stück heiler. Die Essenz des Malachit vermag es, diese Verengung zu lösen und für die Energie wieder durchgängig zu machen.

1

Angst macht uns bewegungsunfähig. Verkörperungen dieser Bewegungsunfähigkeit sind zum Beispiel auch Gelenkentzündungen und Gicht. Wir können mit einem Fuß- oder Handbad die Gichtbeschwerden lindern, auch können Arm- oder Fußkettchen aus Malachit getragen werden. Bei Gelenkentzündungen gibt man einige Tropfen der Essenz, in Wasser gelöst, auf die schmerzenden Stellen oder / und befestigt einige kleine Malachitsteine mit einem Pflaster über Nacht.

2

Auch bei Verspannungen können die Malachit-Essenz und der Stein selbst mit seiner ausgleichenden, leicht kühlenden Kraft helfen. Ebenfalls empfiehlt er sich bei Sehnenscheidenentzündungen.

Heilende Impulse

1

Wenn Sie konkrete Probleme haben, können Sie leichter zu einer Lösung gelangen, indem Sie die blockierende Energie der Angst erlösen. So öffnen Sie sozusagen eine Tür, die Ihnen vorher die Sicht versperrte. Und jetzt können Sie die Lösung klar erkennen. Der dunkle Nebel der Angst weicht und gibt den Blick frei. Nehmen Sie dafür die Essenz vor dem Schlafengehen ein und stellen Sie sich in Gedanken Ihr Problem vor. Hinter diesem Problem liegt die Lösung. Noch verbirgt sie sich hinter einer verschossenen Tür. Bitten Sie nun darum, während des Schlafens die Tür öffnen zu können, damit Sie die Lösung des Problems erkennen. Schlafen Sie mit diesem Gedanken ein und schauen Sie sich am nächsten Morgen das Problem nochmals an. Vielleicht erkennen Sie nun ganz deutlich eine Lösung.

2

Nachdem Sie Ihre Pflanzen beschnitten haben, geben Sie einige Tropfen der Malachit-Essenz in das Gießwasser. So können sie sich schneller von diesem „Schock“ erholen.

3

Geben Sie Ihrem Neugeborenen eine angstfreie Malachit-Umgebung.
Sie können das gesamte Zimmer ganz leicht mit Malachitwasser besprühen.

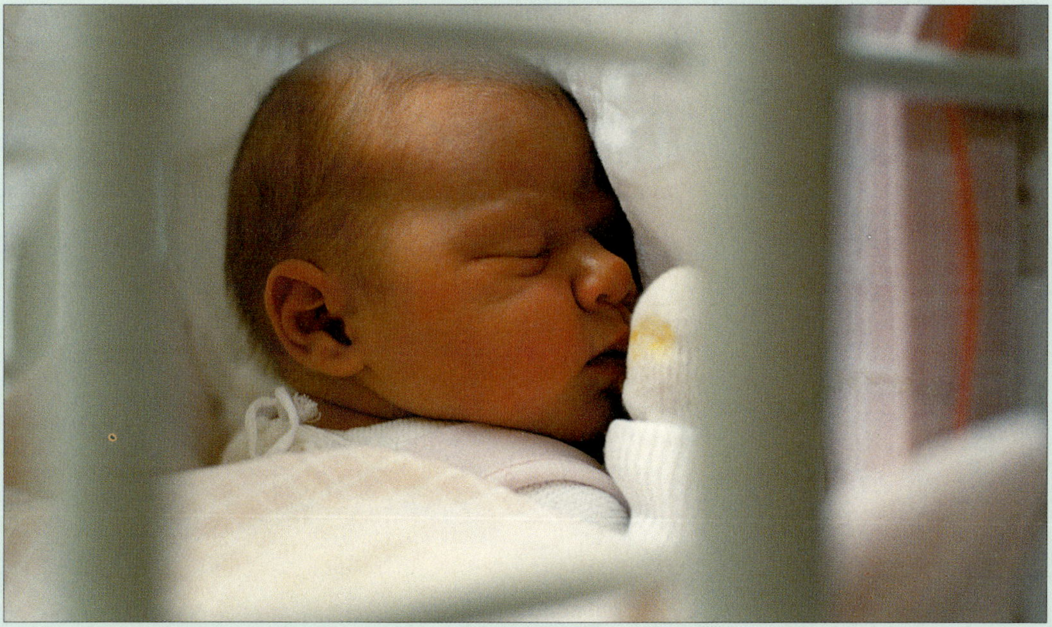

BEGLEITSÄTZE FÜR DIE BEHANDLUNG MIT DER MALACHIT-ESSENZ

- Ich bin in mir aufgehoben. Mir kann nichts passieren.
- Ich lasse meine Angst los, weil ich tiefes Vertrauen in mir fühle.
- Ich kann meinen Weg weitergehen, weil ich keine Angst mehr habe.
- Ich werde geführt.

DER CHRYSOKOLL

Die „Schwester des Türkis" – nannten die Dichter der Antike den Chrysokoll. Und ebenso besangen sie ihn als den Stein der Venus, der mit seinem sanften grünblauen Licht die Schönheit seiner Trägerin unterstreicht. Der weiche Stein wurde bereits vor Tausenden von Jahren als Heilmittel genutzt. Seinen Namen haben ihm die alten Griechen gegeben: Er bildet sich aus den Wörtern chrysos für „Gold" und kolla für „Klebstoff". Abgebaut wird der Stein der Venus heute vor allem in Chile und Mexiko, Rußland und Zaire.

DAS WESEN DER ESSENZ

Der Dichter John Donne hat einmal geschrieben: „Kein Mensch ist eine Insel, ganz für sich allein, jeder ist ein Teil des festen Landes." – Doch viele von uns fühlen sich isoliert, abgeschnitten vom Festland. Der Chrysokoll hilft uns dabei, die Brücke zum Festland zu bauen. Die Chrysokoll-Essenz stärkt in uns das Gefühl, ein Teil der Schöpfung zu sein.

Sie steht für die bewußte Erkenntnis, daß wir zwar durch unseren Körper begrenzt sind, aber unser Geist grenzenlos mit allem und jedem in Verbindung steht. So entwickeln wir die Fähigkeit, über die Kommunikation als Brücke in die Außenwelt zu treten.

Doch das bezieht sich nicht nur auf die Menschen unserer Umgebung, sondern auch auf das Pflanzen-, Tier- und – selbstverständlich – das Steinreich. Alles ist ein Teil der Gesamtschöpfung, in die wir eingebettet sind. Und so denken wir bei Kommunikation nicht nur an die Sprache, sondern auch an die stille, die innere Verständigung von Wesen zu Wesen.

Der Volksmund sagt: „Sie verstehen sich ohne Worte". Und das trifft in diesem Fall genau zu.

Die Chrysokoll-Essenz unterstützt die folgenden Aspekte der Persönlichkeitsentwicklung:

- Kommunikation
- Brückenschlag von Mensch zu Mensch
- Eingebettet sein in die Gesamtschöpfung
- Kommunikation von Wesen zu Wesen
- Zuhören können
- Fähigkeit, sich über die Sprache zu öffnen
- Die Sprache kann wieder fließen

Im Chrysokoll-Zustand

Der Mensch mit dem „grünen Daumen" etwa ist im positiven Chrysokoll-Zustand, denn er vermag es, die Bedürfnisse der Pflanzen zu empfangen. Selten arbeitet solch ein Mensch nach Plan, er hat vielmehr eine Antenne für die Welt der Pflanzen, versteht ihre Sprache.

Wenn wir Edelstein-Essenzen einnehmen, lernen wir zunehmend, uns mit dem Steinreich zu verbinden. Wir werden empfänglicher für die Stille, für die innere Kommunikation. Mit jedem Schritt, mit dem wir uns näher kommen, erfahren wir, wer und wie wir sind. Wir lernen zu erkennen, warum wir in dieser oder jener Situation so reagieren müssen, wie wir es tun und finden den Kontakt zu den unterschiedlichen Teilen unseres Selbst. Im positiven Chrysokoll-Zustand sind wir in der Lage, innere Dialoge mit unseren Seelenanteilen zu führen. Wir erfahren mehr über den Nörgler, Kritiker oder Schmeichler in uns und finden Zugang zu den verdrängten Seelenanteilen. Das führt zum Erkennen und Verstehen persönlicher Strukturen und hilft uns, Stück für Stück, die Einheit dieser Anteile zu erreichen.

Dieses innere Verstehen ist auch für die übliche Kommunikation, die Sprache, sehr wichtig. In einer Zeit, die allgemein als „Kommunikationszeitalter" bezeichnet wird, ist es mit der Verständigung von Mensch zu Mensch nicht mehr weit her. Wir verkriechen uns in unsere Wohnungen und stillen unser Bedürfnis nach Unterhaltung mit Talk-Shows oder Surfen durchs Internet. In den Betonsiedlungen der Städte haben wir uns eingemauert, fern von der Natur, herausgerissen aus unserem ursprünglichen Lebensraum. Viele von uns fühlen sich isoliert und eingeschlossen.

EIN TEIL DER SCHÖPFUNG SEIN

Die Chrysokoll-Essenz hilft uns, uns aus der Enge unserer Mauern zu befreien und wieder auf andere Menschen zuzugehen. Wir können wieder aktiv mit der Umwelt in Kontakt treten, haben Spaß an Treffen mit Freunden und Bekannten und lassen öfter mal den Fernseher allein zu Haus.

Die Macht des Wortes

Der Zusammenhang von Wohlbefinden, ja Gesundheit, und Kommunikation, wird häufig unterschätzt. Wie wichtig es ist, seinem Herzen Luft zu machen, hat wohl jeder schon einmal erfahren. Es wird uns gleich leichter ums Herz, wenn wir's auf der Zunge tragen. Ganze Berufszweige leben von Gesprächstherapien, und ihre Zahl wächst ständig. Wenn wir mit niemandem sprechen können, gehen wir zum Therapeuten und bezahlen ihn dafür, daß er uns zuhört und versucht, uns zu verstehen. Es gibt vieles in uns, was einfach einmal ausgesprochen werden muß. Wie heilsam das Reden sein kann, beweist sich durch zahlreiche seelische, ja auch körperliche Heilungen. Machmal verschwinden Krankheiten, die den Betreffenden jahrelang bedrückt haben. Die Chrysokoll-Essenz kann als begleitende Maßnahme auch bei Gesprächstherapien angewandt werden. Sie hilft beiden Partnern, tiefe und einfühlsame Gespräche zu führen.

Wer einmal aufmerksam durch die Straßen geht, hört und sieht, daß immer mehr Menschen Selbstgespräche führen. Auch dies ist ein Symptom der allgemeinen Sprachlosigkeit zwischen den Menschen. In unserem Leben gehen wir vielerlei Beziehungen ein zu Eltern, Partnern, Kindern, Freunden und Berufskollegen. Doch wieviele

TRAUMBILD CRYSOKOLL

Ich schließe meine Augen und atme tief ein und aus. Ich spüre, wie sich mein gesamter Körper entspannt. Eine türkisfarbene Energie durchflutet jede Zelle meines Körpers. Nun gehe ich in Gedanken zu meinem Kehlzentrum. Hier kann ich Worte formen. Worte sind bedeutungsvoll. Sie drücken die Empfindungen und Bedürfnisse meiner Seele aus, damit meine Umwelt mich verstehen kann. Doch auch die anderen möchten, daß ich sie verstehe. Ab jetzt will ich bewußter zuhören. Dann kann ich die Botschaften verstehen. Wenn ich meinem Partner beim Sprechen in die Augen schaue, begegnen sich unsere Seelen. Ich weiß, daß ich diesen Seelenblick auch suchen kann, wenn sich unsere Worte nicht treffen. Dann spricht das Herz, und das Sprechen wird wieder leichter.

Bindungen werden durch einen Streit jäh beendet. Kinder fühlen sich unverstanden und verlassen bisweilen früh das Elternhaus, viele Freundschaften gehen in die Brüche, manchmal wegen eines falschen Wortes.

Die Chrysokoll-Essenz kann die Basis schaffen, um ein wirkliches Gespräch zu führen. Wir können uns dem anderen öffnen und unsere Probleme und Bedürfnisse mitteilen und sind auch bereit, dem Gegenüber zuzuhören. Es schwindet die Härte der Sprache, weil wir erkennen, daß Vorwürfe dem anderen gegenüber eine Ablenkung von unserer Person sind. Es gelingt uns zunehmend besser, während der Gespräche bei uns zu bleiben. In engen Beziehungen wird es möglich, die eigenen Interessen zu leben, ohne den anderen zu verletzen. Die Chrysokoll-Essenz ist deshalb auch ein guter Begleiter auf dem Weg, eine Partnerschaft zu erneuern, die an Kommunikationsschwierigkeiten zu scheitern droht.

Heilende Gespräche

Laut einer Umfrage der Three-Times-Study aus Pittsburgh aus dem Jahre 1988 bringt in den USA ein Paar ungefähr nur noch 4 Minuten täglich für ein gemeinsames Gespräch auf. Das wird in Deutschland sicher ähnlich sein. Leider, sonst würden die Zahlen der Ehescheidungen sicher nicht von Jahr zu Jahr anwachsen. Eine häufige Aussage über die Ursache des Scheiterns ist: „Wir haben uns einfach nicht mehr verstanden“, oder: „Wir hatten uns nichts mehr zu sagen.“ Woran liegt das?

Viele Menschen haben verlernt, ein Gespräch aus sich heraus zu führen. Das Sich-einander-Mitteilen und Austauschen hält jedoch eine Beziehung am Leben. Denn der Sinn einer Beziehung ist ja, daß man sich aufeinander „bezieht“. Das heißt: Den anderen verstehen und verstanden werden.
Erst durch diesen Kreislauf wird eine Partnerschaft lebendig. Doch um verstehen zu können, müssen wir uns einfühlen und zuhören lernen.

Um verstanden zu werden, müssen wir in der Lage sein, uns verständlich zu machen.
Beides ist nicht so einfach! Denn es geht nicht nur um das Sprechen an sich, sondern um das Sprechen über Wesentliches – über das, was wir erlebt haben und was uns wirklich berührt. Erst jetzt hat der Partner überhaupt die Möglichkeit, sich in uns einzufühlen.

Dieser Austausch, der Kreislauf der Partnerschaft, gerät jedoch bei vielen Menschen ins Stocken oder stirbt ganz – und mit ihm dann die Beziehung.

KÖRPER UND STEIN

Der Chrysokoll wirkt auf das Kehlzentrum (siehe Seite 24/25). Von hier werden unsere Schilddrüse, die Luft- und Speiseröhre sowie auch die Stimmbänder mit Energie versorgt. Ist in diesem Bereich die Energie blockiert, kann sich das in Form von Heiserkeit, Halsschmerzen, Schilddrüsenerkrankungen und auch in allgemeinen Sprachstörungen ausdrücken.

Was die Essenz bewirken kann

Die Chrysokoll-Essenz bringt gestaute Energie wieder in Fluß. Menschen, die in ihrem Redefluß unterbrochen sind (so zum Beispiel Stotterer), kann der Chrysokoll helfen.

Die Chrysokoll-Essenz hilft uns, zu erkennen, warum wir uns der Umwelt nur stockend mitteilen können – sie fördert die innere Kommunikation, die ja Voraussetzung für die äußere ist. Der Chrysokoll hilft uns, auf der Kommunikationsebene zu „entkrampfen". Leider gleichen unsere Gespräche oft einem reinen Informationsaustausch. Wir reden über das Einkaufen, das Kochen, das Wetter – also über etwas Drittes. Auf diese Weise begeben wir uns aus dem Spannungsfeld der zwischenmenschlichen Beziehung. Das zieht Langeweile, Frustration, das Nebeneinander-her-Leben und früher oder später auch die Trennung nach sich.

Die Chrysokoll-Essenz hilft uns, auch in schwierigen Situationen bei uns zu bleiben, ohne uns einzumauern. Wir können unsere Empfindungen schildern und uns dem Partner öffnen. Wir lernen, dem anderen zuzuhören und uns in ihn einzufühlen. Auf diese Weise entsteht ein Austausch, und eine lebendige Partnerschaft wird möglich.

1

Wie der Aquamarin (siehe Seite 90) kann er die Entwicklung der Stimme fördern und ist deshalb auch besonders für Sprecherberufe geeignet. Er hilft, frei fließend und zusammenhängend zu reden.

2

Auch für Gesprächstherapeuten kann die Essenz eine Unterstützung bei ihrer Arbeit sein.

Heilende Impulse

1

Kommunikationsschwierigkeiten entstehen oft durch das „Aneinander-Vorbei-Reden". Versuchen Sie einmal, in Bildern zu sprechen. Das hat den Vorteil, daß Sie Ihre Empfindungen beschreiben und dem Gegenüber dadurch die Möglichkeit geben, Sie zu verstehen. Er kann über die Vorstellung Ihrer Beschreibung besser nachempfinden, was Sie meinen. Wenn wir in Begriffen sprechen, besteht die Schwierigkeit, daß jeder andere Vorstellungen von diesem Begriff hat. Das führt zu Mißverständnissen. Wichtig ist auch das Zuhören-Können. Seien Sie offen für die Argumente des anderen und lassen Sie diese auf sich wirken, bevor Sie etwas sagen.

2

Machen Sie sich vor einem Gespräch klar, welchen Schwerpunkt Sie setzen wollen, und was Ihnen wichtig ist. Das ist besonders hilfreich, wenn Sie Schwierigkeiten mit Gesprächen haben, weil Sie ständig überhört oder nicht ernst genommen werden, weil Sie manchmal nicht sachlich bleiben können oder gar laut werden. Gehen Sie das Gespräch ruhig schon vorher in Gedanken durch. Versuchen Sie immer, aus Ihrer Sicht zu beschreiben, und bleiben Sie auch während des Gespräches bei sich.

Reagieren Sie auf den Gesprächspartner, hören Sie zu und antworten Sie ruhig und sachlich.

3

Ein Gespräch ganz anderer Art soll Ihnen dieser Tip vermitteln. Üben Sie sich in stiller Kommunikation und lassen Sie bei einer Partnerschaftsmassage Ihre Hände sprechen.
Derjenige, der massiert, „spricht“ mit seinen Händen und der Massierte lauscht seiner Botschaft. Wechseln Sie dann die Rollen.
Besonders gut eignet sich für diese „nonverbale Kommunikation“ ein Chrysokollöl (siehe Seite 34). Aber auch die Massage mit einem Stein ist sehr wirkungsvoll.

4

Legen Sie sich entspannt auf Bett oder Couch, plazieren Sie einen Chrysokoll auf das Halszentrum. Schließen Sie die Augen und atmen Sie tief und gleichmäßig.
Fühlen Sie die Verbindung zur Umwelt. Treten Sie von nun an in einen bewußten Kontakt zur Ihrer unmittelbaren Umgebung.
Sprechen Sie zum Beispiel mit Ihren Pflanzen (das hilft beim Wachstum!), begrüßen Sie einen Baum oder heben Sie beim Spaziergang einen Stein auf, der Sie anspricht.

BEGLEITSÄTZE FÜR DIE BEHANDLUNG MIT DER CHRYSOKOLL-ESSENZ

- Ich empfinde mich als Teil der Schöpfung.
- Ich kann meine Empfindungen und Bedürfnisse ruhig äußern.
- Ich kann meinem Gegenüber zuhören.
- Ich öffne mich für eine lebendige Partnerschaft.
- Meine Stimme ist das Sprachrohr meiner Seele

DER AQUAMARIN

Der Aquamarin ist ein hellblauer, transparenter Beryll, der auch einen zart grünlichen Schimmer haben kann. Seine Farbe gibt ihm ebenso wie dem Smaragd das Eisen. Sein Name entstammt dem lateinischen aqua für „Wasser“ und mare für „Meer“. Das Luftig-leichte des Aquamarin erinnert auch an einen hellen Sommerhimmel, der unseren Geist inspiriert.

DAS WESEN DER ESSENZ

Mit seiner zarten Farbe erinnert uns der Aquamarin an das klare Blau oder leichte Grün des Meeres, jedoch eines Meeres, das nicht gar so tief ist. Deshalb könnte man den Aquamarin das kleine Wasser nennen, den Lapislazuli aber das große Wasser, denn er führt in die tiefsten Tiefen der Seele. Und so ist der Aquamarin ein Repräsentant des Elements Wasser. Das Wasser symbolisiert, wie kaum ein anderes Element, die ständige Wandlung. Eben noch im Meer vereint, wird es durch die Wärme der Sonne in die Luft emporgetragen, in die höchsten Höhen des Himmels, um dann wieder auf die Erde zu regnen und sich endlich wieder mit dem Wasser zu vereinen.

Im Aquamarin-Zustand

Die Aquamarin-Essenz ist verbunden mit der Fähigkeit, das Gesetz der Wandlung zu akzeptieren und sich ihm hinzugeben. Die Wesenszüge des Elementes Wasser stehen hier für die Seele des Menschen, die Luft für die Erfahrungen und Erinnerungen, die wir im Laufe unserer Existenzen machten. Die Summe dieser Inhalte machen uns zu dem Menschen, der wir heute sind. Wir bewegen uns immer in unserem Rahmen, oft haben wir uns selbst eingeschlossen oder gar angekettet. Wir sind nicht mehr frei und reagieren lieber nach alten Verhaltensmustern, als uns einem neuen Erfahrungsbereich zu öffnen. Äußern kann sich dieser Zustand in einem zwanghaften Verweigern der Entwicklung. Kleinkinder, die sich der Sprachentwicklung verweigern, sind ein Beispiel für diesen Zustand. Sie haben unbewußt Angst, sich der Welt zu stellen. Aber auch Jugendliche, die nicht erwachsen werden wollen, Erwachsene, die ewige Kinder bleiben, um einem eigenen Leben und der Verantwortung aus dem Weg zu gehen, gehören dazu.

Die Aquamarin-Essenz unterstützt die folgenden Aspekte der Persönlichkeitsentwicklung:

- Loslassen
- Befreiung von alten Prozessen und Entwicklungen, an denen man geistig noch festhält
- Widerstandslosigkeit gegenüber dem Gesetz der Wandlung
- Bereitschaft, sich der Entwicklung zu öffnen
- Aus der Vergangenheit in die Gegenwart

LOSLASSEN LERNEN

Der Prozeß des Erwachsenwerdens wird also so lange wie möglich hinausgezögert. Dabei geht es immer um eine Angst vor der Verantwortung, die eine Entwicklung mit sich bringt. Man verweilt lieber in der schon überholten Entwicklungsstufe, ist wohl behütet und außerdem kennt man diesen Zustand ja auch ganz genau. Hier handelt es sich immer um ein Nicht-Verlassen-Können von Prozessen oder Entwicklungen, die schon der Vergangenheit angehören. Im negativen Aquamarin-Zustand lebt der Mensch zwar körperlich in der Gegenwart, hält aber geistig an der Vergangenheit fest. Bei der Aquamarin-Essenz geht es immer um das Lösen aus der nahen Vergangenheit, in der wir immer noch verhaftet sind. Ein weiters Beispiel für diesen Zustand sind Eltern, die ihre Kinder nicht loslassen können, ebenso Kinder, die sich vom Elternhaus nicht lösen können.

Der Irrtum dieser Menschen liegt darin, daß sie sich dem Gesetz des Lebens entgegenstellen, dem Gesetz der Wandlung. Nur durch diese Wandlung können wir uns entwickeln, wenn wir aber aus falschem Sicherheitsdenken immer auf der Stelle treten, verschließen wir uns dem Fortschreiten. Wer die Aquamarin-Essenz braucht, will alles kontrollieren und an alten bekannten Verhaltensmustern festhalten. Die Sicht der Dinge aber ist nur auf die eigene Person bezogen und deshalb begrenzt.

Wandlung und Befreiung

Wenn wir uns aber der Wandlung entgegenstellen, werden wir gewandelt. Das Leben und die Umstände suchen sich ihren Weg, um uns unseren Lernstoff beizubringen. Wenn wir aber gewandelt werden, dann tut es meist weh. Geben wir aber unseren Widerstand auf, werden wir vom Fluß des Lebens getragen und von unserer Seele geführt.

Aus Angst vor der Veränderung verharrt so mancher lieber weiter in einem Job, der ihm nicht gefällt oder in der krankmachenden Kellerwohnung, als das Risiko des Unbekannten einzugehen und sich eine neue Arbeit oder gesündere Wohnung zu suchen. Die Angst vor der Veränderung begrenzt die eigenen Möglichkeiten so sehr, daß man sich manchmal wie eingesperrt fühlt. Die Aquamarin-Essenz hilft uns dabei, daß wir uns aus unserem eigenen Gefängnis befreien können und uns der Entwicklung nicht länger entgegenstellen. Wir lernen, sie dankbar als Chance in unser Leben zu integrieren.

So führt uns die Aquamarin-Essenz an unsere eigene Quelle. Der erste Schritt dorthin bringt uns in die nahe Vergangenheit, die für unser jetziges Verhalten ausschlaggebend ist und die es gilt zu erkennen und loszulassen. Sie bereitet uns auf die Reise in unsere eigenen Tiefen vor. Wenn wir uns dem Gesetz der Wandlung nicht mehr entgegenstellen, können wir unsere Entwicklung leichter erfahren. Wir lassen zu, was sonst schmerzhaft entstehen müßte. So werden durch den Aquamarin die ersten Schalen entblättert, bevor wir an den Kern gelangen.

TRAUMBILD AQUAMARIN

Ich blicke in die Ferne an das andere Ufer des Flusses. Dort liegt meine Zukunft. In einem Boot werde ich hinüberfahren. Es wartet schon auf mich – seit langer Zeit. Aber ich konnte mich nicht entschließen, meine Vergangenheit hinter mir zu lassen. Nun ist es soweit. Ich bin bereit. Die Tasche, die ich in den Händen halte, lasse ich hier. In ihr sind Dinge, die nicht mehr zu mir gehören. Ich möchte beide Hände frei haben für das, was kommen wird. Ich steige in das Boot und verlasse ein Land, das meine Vergangenheit ist. Ich schaue zurück, doch ich bin nicht traurig. Ich spüre Freude in mir, denn gleich bin ich am anderen Ufer angelangt. Es ist neu für mich, und es gibt viel zu entdecken. Ich bin bereit für alles, was mir begegnen wird.

Im Laufe unserer Entwicklung haben wir einen bestimmten Freundeskreis. Nur selten behalten wir Freunde, mit denen wir im Sandkasten spielten. Man hat sich einfach zu unterschiedlich entwickelt, und die Freundschaft ging ganz sanft auseinander. Menschen im negativen Aquamarin-Zustand erkennen nicht, wann eine Beziehung vorüber ist. Sie schwelgen mit ihren Gedanken in der „guten alten Zeit“, die Vergangenheit schätzen sie mehr als die Gegenwart –, und natürlich wird alles Vergangene dann immer rosiger. Häufig fangen die Sätze mit folgenden Worten an: „Ja früher, da habe ich immer...“. Auch neue Lebenspartner werden mit vergangenen Partnern verglichen, weil man nicht bereit ist, die Vergangenheit bewußt loszulassen und in der Gegenwart zu leben.

Ursache dafür ist ein mangelndes Verarbeiten und Loslassen der Vergangenheit. Hier kann die Aquamarin-Essenz die Verbindung zwischen Vergangenheit und Gegenwart wieder herstellen. Personen in diesem Zustand hinken der Gegenwart stets hinterher, weil sie geistig in der Vergangenheit leben. Der Aquamarin löst den Menschen aus der Vergangenheit und führt ihn in die Gegenwart. Nur wenn wir in der Gegenwart leben, können wir unser Leben aktiv gestalten.

Die Aquamarin-Essenz schafft die Voraussetzung für einen wirklichen Neuanfang, der durch die Herkimer-Essenz symbolisiert wird. Der Aquamarin führt uns aus der Vergangenheit in die Gegenwart und ist ein Begleiter für den aktiven Neuanfang im Hier und Jetzt. Er hilft Menschen, die Prüfungen zu bestehen haben oder zu einem Einstellungsgespräch eingeladen sind. Man kann ihn dann als Essenz einnehmen oder aber als Talisman bei sich tragen. Er verhilft zu klarem logischen Denken. Auch sorgt er in der Gegenwart für Inspiration und neue Ideen.

Unterstützende Essenzen: In Phasen, in denen wir den Aquamarin-Zustand leben, kann es sein, daß wir uns plötzlich von Dunkelheit eingehüllt fühlen. In diesem Fall können wir die Bergkristall-Essenz als Hilfe einsetzen. Sie kann dann zusammen mit dem Aquamarin oder auch für einige Tage allein eingenommen werden.

KÖRPER UND STEIN

Der Aquamarin hat eine natürliche Affinität zum Kehlzentrum. Von hier werden die Schilddrüse, die Luft- und Speiseröhre und die Stimmbänder mit Energie versorgt. Früher war der Aquamarin der Schutzstein der Seeleute. Er schützte sie vor Erkrankungen der Atemwege und half bei Nervenschmerzen.

Was die Essenz bewirken kann

1

Wenn der Hals kratzt und Sie spüren, daß eine Halsentzündung im Anmarsch ist, können Sie die Aquamarin-Essenz in Ihren Morgentee oder in ein Glas Wasser geben.

2

Bei Wetterfühligkeit kann – neben der Essenz – auch ein Aquamarin – Schmeichelstein wieder zu mehr Wohlbefinden verhelfen.

3

Der Aquamarin unterstützt die Entwicklung der Stimme und der Stimmbänder und stärkt sie. Deshalb ist er auch hervorragend für Berufe geeignet, in denen die Stimme im Vordergrund steht, wie zum Beispiel bei Schauspielern, Lehrern oder Erziehern.

4

Bei Entzündungen der Schleimhäute in Nase und Mund unterstützt der Aquamarin die Reinigung und Regeneration.

5

Auch bei Menschen mit dem sogenannten „Kloß im Hals“ kann die Einnahme und/oder das Auflegen des Steines helfen.

6

Wenn Ihr Kind sich der Sprachentwicklung nicht öffnen will, unterstützen Sie es mit Umschlägen aus der Aquamarin-Essenz.

7

Lindernd wirkt der Aquamarin auch auf die Zähne. Bei Zahnschmerzen gurgle man mit abgekochtem Wasser, dem einige Tropfen Essenz zugefügt werden.

Heilende Impulse

1

Der Aquamarin ist ein hervorragender Traumstein. Wir können die Essenz direkt vor dem Schlafengehen einnehmen und uns Träume mit einem Schlüssel für unsere Probleme wünschen. Auch ein Aquamarin in der Hand eignet sich als Traumbegleiter. So bekommen wir mit der Hilfe dieses Steines Botschaften in Form von Bildern und Symbolen aus unserem Inneren geschickt, die wir am Tage dann verdauen und verarbeiten können.

2

Um Ihr Traumerleben noch zu verstärken, können Sie sich auch die Umgebung des Bettes oder aber auch Ihr Schlafzimmer mit der Essenz des Aquamarins besprühen (Zur Anleitung, siehe Seite 35).

3

Nutzen Sie das Element Wasser, um den Prozeß der Wandlung und des Loslassens aktiv zu unterstützen.
Tauchen Sie in ein Aquamarin-Thalasso-Bad (siehe Seite 35). Bei diesem Bad verbindet sich die Kraft des Aquamarins mit den Mineralien des Meersalzes, die den Körper entgiften und reinigen.
Öffnen Sie während des Badens ganz bewußt Ihre Hände und lassen Sie die Vergangenheit los.

4

Massieren Sie Ihre Hände mit einem Aquamarinöl (siehe Seite 34). Besonders an den Handinnenflächen befinden sich- wie auch an den Fußsohlen-Reflexzonen.
Diese Bereiche stehen in Verbindung mit den Meridianen und haben einen Einfluß auf unseren energetischen Kreislauf.
Durch die Handmassage können Sie Blockarden abbauen, die Energie kommt wieder ins Fließen. Bald haben Sie wieder beide Hände frei!

BEGLEITSÄTZE FÜR DIE BEHANDLUNG MIT DER AQUAMARIN-ESSENZ

- Ich bin bereit für meinen weiteren Weg.
- Ich sehe Veränderungen als Chance an.
- Ich freue mich auf das Erwachsenwerden, mit jedem Tag wächst meine Freiheit.
- Ich lasse alles, was nicht mehr zu mir gehört, los. Jetzt habe ich beide Hände frei für das Kommende.
- Ich lebe im Hier und Jetzt.

DER LAPISLAZULI

Der Lapislazuli ist ein königsblauer Stein, der in der Vergangenheit einen sehr hohen Stellenwert hatte. Als heiliger Stein wurde er in Ägypten, Mexiko und in den Reichen des Ostens geschätzt. Die Ägypter nannten ihn „Stein des Himmels". Der heutige Name kommt aus dem Lateinischen: lapis für „Stein" und azul für „blau". Der Lapislazuli ist ein wahrhaft „himmlischer" Stein. Mit seiner Farbe und seinen goldenen Pyriteinschlüssen erinnert er an den Sternenhimmel. Der Lapislazuli hebt unser Bewußtsein himmelhoch. Man sagt, er fördere die hellsichtigen Fähigkeiten.

DAS WESEN DER ESSENZ

Der Lapislazuli symbolisiert das Element Wasser, er steht hier für die geheimnisvollen Tiefen der Meere und Ozeane. Wasser bewegt sich in ständiger Wandlung zwischen Himmel und Erde. Es trägt nur Leichtes, Hohles oder Flaches. Schweres dagegen sinkt zu Boden und bleibt in der Finsternis der Meere verborgen, denn die Sonne erreicht mit ihrem hellen Schein nur die flachen Gewässer. Wasser ist das Symbol unserer Seele. Und ebenso wie auf dem Meeresgrund gibt es auch in uns Untiefen. Einiges war uns einfach zu „schwer" und so ist es in uns versunken. Ähnlich einem Schiff, das vom Meeresboden geborgen wird, damit wir seine Herkunft feststellen und die Ladung hinauf ans Licht befördern können, so hilft uns die Lapislazuli-Essenz dabei, in unsere eigenen Tiefen hinabzusteigen und sie im Lichte des Bewußtseins zu erkennen.

Die Lapislazuli-Essenz unterstützt die folgenden Aspekte der Persönlichkeitsentwicklung:

- Höheres Lernen
- Wir schließen Frieden mit unbewußten oder verdrängten Teilen in uns
- Das Gleichgewicht zwischen Gefühl und Kopf wird hergestellt
- Bewußtes Verarbeiten vergessener und geleugneter Gefühle
- Umwandlung von destruktiver in konstruktive Energie
- Fähigkeit, bislang unbestimmte Gefühle in Worte zu fassen
- Beruhigung bei Aggression, Wut, Panik und Eifersucht

Im Lapislazuli-Zustand

Menschen im blockierten Lapislazuli-Zustand fühlen etwas in sich, das sie zunächst nicht orten können. Sie wissen nicht, was sie fühlen und warum, denn es handelt sich hier um unbestimmte Emotionen, deren Herkunft unbekannt ist oder auch verdrängt wurde.

Die Ursachen für diese Emotionen liegen meist tief in der Vergangenheit. Diese gestaute Energie zeigt sich in destruktiven Gefühlen, die dann in den Keller des Selbstes gesperrt werden: Von Zeit zu Zeit entlädt sich die Spannung in Form von Wut und Aggression.

Die Gründe für diese Gefühle liegen also so lange zurück, daß man sich überhaupt nicht erklären kann, warum sie da sind. Mit Hilfe der Lapislazuli-Essenz gelingt es uns, die Existenz dieser Emotionen zu akzeptieren, um dadurch zu erkennen, warum sie uns so lange an die Nieren gingen.

Wenn Gefühle aus der Tiefe brechen

Schwierig wird es, wenn diese Gefühle zerstörerisch auf unsere Mitmenschen und die Umwelt wirken oder in Selbstzerstörung ausufern.

Ein Grund dafür ist die Angst vor den eigenen inneren Untiefen und Konflikten, die so lange wie möglich festgehalten werden.

Doch dieses Festhalten benötigt viel Kraft – und Druck erzeugt Gegendruck. So wächst dieser innere Druck stetig, bis er sich Luft verschaffen muß und sich – zumindest teilweise – lösen kann. Nun folgen destruktive Energien in Form von Ausbrüchen der Wut und Aggression.

Die Menschen fühlen sich in diesen Momenten ihren Gefühlen ausgeliefert, ja, man könnte sagen: sie nehmen Besitz von ihnen. Manchmal verlieren sie jegliche Kontrolle.

Doch all dies passiert auf der unbewußten Ebene: Da der Mensch die Ursache der vergessenen Gefühle nicht kennt, ja nicht einmal deren Existenz akzeptiert, hat er keine Möglichkeit, sie zu klären und dann zu lösen.

Deshalb versuchen viele dieser Menschen, sich mit der täglichen Arbeit so zuzudecken, daß alles, was in ihnen ist, unter der Oberfläche bleibt. Sie wirken manchmal wie gehetzt, bisweilen aber zeigen sie sich auch betont ruhig und besonnen. Sie reißen sich zusammen – bis es nicht mehr geht.

HÖHERES BEWUSSTSEIN ENTWICKELN

Der Weg aus diesem Kreislauf kann nur über das Erkennen der Gefühle und deren Umwandlung geschehen.

Zeigte sich bisher der Drang nach Kontrolle durch das Festhalten und Verleugnen der Gefühle in seiner destruktiven Form, kann diese Energie in eine konstruktive Form verwandelt werden, indem die bewußte Verarbeitung in den Vordergrund rückt.

Seine Gefühle kennenlernen

Die explosionsartige Entladung der Energie, das „Sich-Luft-Verschaffen", ist eine Ersatzfunktion des Elementes Luft, das ja für den Verstand und den Geist steht. Dem Bedürfnis der Luft nach Durchdringung der Dinge kann durch Verständnis und Akzeptanz begegnet werden.

Dadurch wird die Erlösung und Umwandlung der Gefühle möglich: Werden diese Gefühle bewußt in das Licht der Bewußtheit gehoben, dann müssen sie nicht mehr durch Ausbrüche an die Oberfläche treten. Die Lapislazuli-Essenz hilft beim Erkennen, Akzeptieren und Transformieren dieser für den Betroffenen so beängstigenden Gefühle.

Menschen, die die Lapislazuli-Essenz brauchen, beschreiben ihren Zustand so:
– „Ich habe das Gefühl, daß ich platzen könnte."
– „Ich sitze auf einem Pulverfaß!"
– oder „In mir kocht das Blut."

Dieser Zustand ist oft sehr extrem, denn man ist bis zu Äußersten gespannt und ertappt sich dann etwa dabei, die Küche in einen Scherbenhaufen zu verwandeln. Menschen in diesem Zustand können sich nicht mehr kontrollieren und fürchten, Schlimmes zu tun. Sie fühlen, wie im Inneren destruktive Kräfte frei werden. Diese bislang gefangene, verleugnete und deshalb fehlgeleitete Energie muß nun ins Bewußtsein gehoben werden, gesehen, akzeptiert und transformiert, das heißt, erlöst werden.

Doch wir können nur das transformieren, was wir er-kennen.

Wachstum und Reife

Der Mensch erkennt und lernt während der Einnahme der Lapislazuli-Essenz mit seinen Gefühlen umzugehen.

Er begreift, daß bei jeder geistig-seelischen Entwicklung nicht nur die hellen Kräfte frei werden, sondern daß, als Gegensatz im Spiel des Lebens, immer auch die dunklen und destruktiven Kräfte aus dem Dunkel an das Licht drängen.

Er wendet sich dem höheren Selbst zu und muß nun nicht mehr mit Angst vor dieser schwarzen Seite in sich leben.

Er erkennt die Gesetzmäßigkeit und kann zunehmend besser mit diesen Kräften umgehen.

Friedfertigkeit und Aggression

Der frühere Fehler, diese Kräfte mit Macht unter die Bewußtseinsoberfläche wegzudrücken, ist nun nicht mehr nötig. Wo früher die dunkle Energie im Zaum gehalten werden mußte, steht nun die gesamte Energiereserve zur Verfügung und kann für konstruktive Aufgaben genutzt werden.

Der Mensch folgt der Führung des höheren Selbst, sucht Klarheit und Erkenntnis und kann nun seiner Bestimmung und seinen Aufgaben mit mehr Kraft begegnen.

Lange hat jeder von uns Angst, diese subtilen Gefühle anzuschauen. Das ist für eine gewisse Zeit auch gut so. Doch wir sollten es uns nicht zur Angewohnheit machen, diese Energie während der gesamten Lebenszeit zu unterdrücken. In dem Buch: „Wege der Wandlung“ von Shakti Gawain (Heyne Verlag) las ich:

„Daß das Ablehnen von Aggressionen nicht zu dauerhaftem Frieden führt, zeigt sich am Tod von Mohandas Gandhi. Gandhi hatte sich völlig der Gewaltlosigkeit verschrieben und Großes geleistet. Tragischerweise starb er selbst einen gewaltsamen Tod; vielleicht spiegelte sein Mörder Gandhis verleugnete aggressive Schattenseite wider, die sich gegen ihn wandte. John Lennon ist ein weiteres Beispiel. Als junger Mann war er offenbar aggressiv und sogar gewalttätig. Später lehnte er diese Seite seines Charakters ab und setzte sich für den Weltfrieden ein. Auch er starb, als noch junger Mann, einen tragischen und gewaltsamen Tod. Und ich bin der Ansicht, das Lennons Mörder, wie der Mörder Gandhis, Lennons eigene ungerlöste Agressivität widerspiegelte."

KÖRPER UND STEIN

Die blaue Farbe des Lapislazuli steht in enger Verbindung mit dem Stirnzentrum (siehe Seite 24/25). Es versorgt unter anderem das Gehirn, das Gesicht und die Sinnesorgane mit Energie. Bei energetischen Blockaden dieses Zentrums können folgende Symptome entstehen: Augenerkrankungen, Hörstörungen, Kopflosigkeit – allgemeine Zerstreutheit und Bluthochdruck.

Was die Essenz bewirken kann

Die Lapislazuli-Essenz stärkt die Konzentrationsfähigkeit und die Auffassungsgabe. Mit ihren kühlenden Eigenschaften kann sie den energetischen Ausgleich bei Krankheiten, die mit erhöhter Hitze einhergehen, schaffen. Wir denken hier zum Beispiel an Entzündungen und Fieber.

1

Als begleitende Maßnahme bei Halsentzündungen hilft ein Salzumschlag, dem einige Tropfen der Essenz beigefügt werden.

2

Bei Sonnenbrand empfehlen wir Ihnen folgendes: Geben Sie in etwas Buttermilch 4 Tropfen Lapislazuli- Essenz und bestreichen Sie damit mehrmals die verbrannten Hautpartien. Wenn keine Buttermilch im Hause ist, kann Ihnen ein Lapislazuli – Gesichtswasser Linderung verschaffen.

3

Bei Insektenstichen hilft neben der Quint-Essenz auch der Lapislazuli. Geben Sie in diesem Fall einen Tropfen der Essenz direkt auf die verletzte Stelle.

4

Die Lapislazuli-Essenz kann sich auch günstig auf den Bluthochdruck auswirken. Der starke Druck, den die Betreffenden in sich spüren, kann durch die beruhigenden und entspannenden Eigenschaften des Lapislazuli abgebaut werden. Mit Hilfe der Lapislazuli-Essenz kann der Mensch seinen inneren Druck lösen und in angespannten Situationen zunehmend besser „ruhig Blut" bewahren. Er muß sich nun nicht mehr bei jedem Anlaß in einen Strudel von Streß und Hektik ziehen lassen.

5

Bei roten Augen können wir mit Lapislazuli-Wasser getränkte Wattepads auf die geschlossenen Augen legen. Das Augenwasser (siehe Seite 35) ist auch zur allabendlichen Pflege empfehlenswert. Dazu verwenden wir destilliertes Wasser, das mit einigen Tropfen der Essenz vermischt wurde. Bitte achten Sie darauf, daß das Augenwasser immer frisch ist. Setzen Sie deshalb nicht mehr als 50 ml an, sondern mischen Sie es lieber öfter neu.

6

Verspannungen des Gesichts kann der Lapislazuli lösen, indem wir die Stellen mit Lapislazuliwasser oder einem Stein leicht massieren.

Heilende Impulse

1

Um sich selbst besser zu verstehen , ist es wichtig zu wissen, wie man fühlt. Diese kleine Übung kann Ihnen helfen, sich dessen bewußter zu werden. Schließen Sie die Augen, erfühlen Sie, was in Ihnen hochsteigt. Atmen Sie ruhig und entspannt. Stellen Sie sich vor, wie die Gefühle nun in Ihrem Kopf Gestalt annehmen. Aus einem Gewirr von Puzzlestücken entsteht ein Bild. Dieses Bild sagt Ihnen etwas über sich.

2

Eine weitere gute Methode, um den Prozeß der Selbsterkenntnis zu beschreiten, ist ein Tagebuch. Versuchen Sie, wichtige Situationen des vergangenen Tages nachzuvollziehen und beschreiben Sie nicht nur das äußere Erleben, sondern vor allen Dingen Ihre Empfindungen.

3

Kennen Sie das auch? Sie liegen im Bett und können Ihre Füße nicht stillhalten? Es ist, als ob Millionen Ameisen über Ihre Zehen laufen. Hier können Sie mit einem kalten Fußbad Abhilfe schaffen. Geben Sie in das Fußbad einige Tropfen der Lapislazuli-Essenz (siehe Seite 35).

4

Ein weiterer Weg, sich mit den Energien des Lapislazuli vertraut zu machen, sind Spaziergänge am Wasser. Dabei ist es nicht wichtig, ob es ein kleiner Teich, See, Fluß oder sogar das Meer ist. Lassen Sie bewußt die Energie des Wasser auf sich wirken.

BEGLEITSÄTZE FÜR DIE BEHANDLUNG MIT DER LAPISLAZULI-ESSENZ

- Ich möchte mich erkennen und verstehen, wer ich bin.
- Ich kann meine vergessenen und verleugneten Gefühle aus der Tiefe holen. Ich taste mich so lange an sie heran, bis ich sie erkennen, begreifen und ausdrücken kann.
- Ich kann sagen, was ich fühle.
- Ich habe keine Angst mehr vor der Schattenseite in mir. Ich möchte sie durch mein Bewußtsein erhellen.

TRAUMBILD LAPISLAZULI

Ich sehe das Meer. Ich möchte nun in seine Tiefe tauchen. Deshalb ziehe ich mich aus und tauche hinab, ganz tief. Es wird dunkel und immer dunkler, doch ich habe keine Angst mehr. Früher bekam ich Angst und bin immer wieder umgekehrt, doch heute bin ich bereit.
Ich bin bereit für die Dunkelheit. Immer tiefer tauche ich hinab und spüre, daß ich getragen werde. Endlich bin ich auf dem Meeresboden angekommen. Ich schaue mich um und erblicke eine Truhe. Ich habe sie hier vor langer Zeit versenkt. Nun möchte ich in sie hineinschauen. Ich werde sie ans Licht holen. Nun habe ich wieder festen Boden unter meinen Füßen. Ich stehe ganz sicher.
Die Truhe sieht anders aus, sie ist nicht mehr so dunkel und öffnet sich fast wie von selbst.
Ich schaue hinein und entdecke vieles, was ich vergessen wollte. Doch ich weiß, daß es auf mich gewartet hat, und ich bin heute bereit. Da ist auch ein Buch, es trägt meinen Namen. Als ich hineinschaue und in ihm lese, werden meine Augen feucht wie das Buch. Doch jetzt bricht die Sonne durch die Wolken. Sie trocknet das Buch und mich.

Das gesamte Bild sehen

Es kommt der Augenblick, da die Zeit reif ist, die Schattenseiten zu befreien. Dabei steht die Lapislazuli-Essenz für die Verarbeitung dieser unbestimmten Gefühle auf der geistigen und bewußten Ebene. Im positiven Lapislazuli-Zustand ist man fähig, diese subtilen Gefühle zu erkennen und auf die Ebene des Bewußtseins zu heben. Da wir nun bereit sind, sie uns anzusehen, formt sich aus dem Unbestimmten, das früher ja nur als Bruchstück zu erkennen war, ein einheitliches Ganzes. Wir erhalten einen umfassenderen Einblick und erkennen, was uns bislang bestimmte. Aus einem Puzzelstück entsteht ein Bild.

So steht der Lapislazuli für die Fähigkeit, aus einem Buchstabenwirrwarr Wörter und Sätze zu formen. Die Essenz des Lapislazuli hilft uns, Gefühle in Worte zu fassen. Erst jetzt, da man ein ganzes Bild sieht, dessen Bedeutung man erkannt hat, kann man die Erkenntnisse als Erfahrungen in das eigene

Leben integrieren. Deshalb kann die Lapislazuli-Essenz zum Beispiel auch bei Schreibangst helfen. Ein Dichter ist darauf angewiesen, aus seiner inneren Quelle zu schöpfen. Der Lapislazuli zentriert Gedanken und Gefühle und verdichtet sie so, daß sie in Worte und Sätze gekleidet werden können. Ein Schriftsteller, der aus der Quelle seines Inneren die eigenen Empfindungen in Worte fassen kann, ist im positiven Lapislazuli-Zustand. Auf diese Weise hilft der Lapislazuli beim Verarbeiten und Ordnen von Gedanken.

Auch bei Kopflosigkeit empfiehlt sich die Lapislazuli-Essenz. Sie verhilft zu bewußtem Planen und Handeln. Der Mensch reagiert weniger konfus, weil er innerlich zentriert ist – er verliert sein konkretes Ziel nicht mehr aus dem Kopf und den Augen. Ursache für diese Kopflosigkeit ist eine Zerstreuung von geistigen Inhalten, deshalb hat er Schwierigkeiten, konzentriert und bewußt zu handeln. Der Lapislazuli sorgt für die ausgleichende und gezielte Energiezufuhr im Kopfbereich. So wird das Beibehalten der Gedanken möglich. Hat man vorher zerstreut und unkonzentriert gehandelt, entsteht nun im Kopf Ordnung und ein Konzept, das sinnvolles Arbeiten auf ein Ziel möglich macht.

Die Essenz steht auch für das gedankliche Ordnen und die Ausdrucksfähigkeit von Inhalten, die bereits innerlich aufgenommen und verstanden wurden, aber aus Mangel an geistiger Auseinandersetzung noch nicht nach außen getragen werden können. So ist sie also auch für Lernende ein gutes Mittel, die Konzentration und ein tiefes Verständnis von Inhalten zu erlangen.

Lapislazuli mildert auch die Auswirkungen von zuviel innerer Hitze, wenn er sofort gegeben wird. Er hilft mit seinen kühlenden, beruhigenden Energien, hitzige Gefühle wie Aggression, Panik und Eifersucht, aber auch Wut und Hysterie zu neutralisieren.

Die höhere Ebene

Der Lapislazuli und selbstverständlich auch die Essenz des Steines helfen bei der Öffnung des dritten Auges. Viele Menschen nehmen diesen Stein, um hellseherische Fähigkeiten zu entwickeln und zu vertiefen. Mit diesem Auge sehen wir tiefer und weiter in unser inneres Universum und entdecken auf einmal die Zusammenhänge zwischen Himmel und Erde.

DER AMETHYST

Dieser schöne violettfarbene Stein, der zur Familie der Quarze gehört, ist schon in ferner Vergangenheit sehr geschätzt worden. Die tibetanischen Mönche lassen Schnüre mit Amethystkugeln durch ihre Hände gleiten, um den Zustand der Meditation zu erreichen. Denn die Meditation ist ja ein Bewußtseinszustand, der uns den Zugang zu unserem Selbst öffnet. Die Germanenkönige trugen einen Amethystring, der ihnen Weisheit und Kraft verleihen sollte.

DAS WESEN DER ESSENZ

Früher wurde der Amethyst recht selten gefunden, das machte ihn zu einem sehr wertvollen Stein, den man wie den Diamanten verehrte. Die traditionelle Medizin im Mittelalter und auch die Ärzte im Orient verwandten ihn in pulverisierter Form für allerlei Krankheiten. In neuer Zeit wurden überraschend große Amethystvorkommen entdeckt. Das hat sich natürlich auch auf seinen Preis ausgewirkt – und so ist dieser Stein heute für jedermann erschwinglich. Doch auch, wenn er jetzt massenhaft gefunden wird, auf seine Heilkraft hat sich das selbstverständlich nicht ausgewirkt. Eher können wir wohl den Umkehrschluß ziehen: Unsere Zeit braucht diesen starken, kraftvollen Stein und auch seine Verwandten aus dem Mineralreich.

Und so ist es auch kein Wunder, daß gerade heute das Interesse an der Edelsteintherapie stetig zunimmt.

Im Amethyst-Zustand

Wer die Amethyst-Essenz benötigt, hat Schwierigkeiten, mit den Problemen des Lebens fertig zu werden. Diese Probleme können nahezu alle Bereiche umfassen.

Vielen von uns erscheinen sie unlösbar und werden zum unüberwindlichen Hindernis.

Die Amethyst – Essenz unterstützt die folgenden Aspekte der Persönlichkeitsentwicklung:

- Hilfe bei Süchten, Problembewältigung
- Vom Stillstand zur Bewegung
- Vom Suchen zum Finden
- Kanalisiert und zentriert Energie
- Umwandlung fehlgeleiteter Energie

Denn wo ein dicker Brocken auf unserem Weg liegt, kommen wir vorerst nicht mehr weiter. Nun gibt es zwei Möglichkeiten, darauf zu reagieren. Wir können versuchen, ihn aus dem Weg zu räumen oder aber resigniert aufgeben.

Der Mensch, der die Amethyst-Essenz braucht, hat nicht die Kraft, seine Probleme zu lösen und gibt innerlich auf. Er bleibt stehen. Und aus der ursprünglich kurzen Rast wird Stillstand und aus einem kleinen Stolperstein ein großer Fels. Durch diesen dicken Brocken auf unserem Weg verlieren wir nun gänzlich unser Ziel aus den Augen – nicht aber aus dem Herzen. Und damit das nicht so schmerzt, bleiben wir auf unserer Suche in einer Sucht stecken. Denn das ist der Augenblick, in dem uns Süchte scheinbar weiterhelfen. So kommt das Wort Sucht ja auch von Suchen. Wir rauchen, trinken, versuchen es vielleicht noch mit anderen Drogen – und kommen nicht mehr vom Fleck.

Die Sucht hat viele Gesichter. Ihre Aufgabe ist es, uns scheinbar „zufriedener" und „glücklicher" zu machen: So vernebeln wir uns beispielsweise die Sicht mit Zigarettenrauch. Er kann die Welt – und damit auch unsere Probleme – verschleiern. Mit dem Ergebnis, daß wir nicht mehr klar sehen müssen.

Im Alkoholrausch sehen wir die Welt heiter. Da die Welt aber ein Spiegelbild dessen ist, was wir sind, dient der Alkohol vor allen Dingen dazu, die eigenen Probleme und Konflikte wegzuschieben. Der Alkoholiker ist nicht bereit, die Konflikte, die das Leben mit sich bringt, zu „erlösen". Statt dessen spült er sie herunter und versucht dadurch, die Welt heil und konfliktfrei erscheinen zu lassen.

Drogen haben eine ähnliche Funktion. Auch hier geht es darum, Konflikten auszuweichen. So läßt Haschisch die Wirklichkeit weicher erscheinen, die Härte der Welt wird genommen, wir sehen durch eine Art Weichfilter. Das Leben erscheint angenehmer.

WIR KÖNNEN WÄHLEN

Die Amethyst-Essenz hilft uns dabei, auf unsere Probleme anders zu reagieren. Sie unterstützt uns, Mühen und Anstrengungen zu überwinden, nachdem wir erkannt haben, was das Problem für unser Leben bedeutet. Wir können nun für einen Moment vor diesem „Stolperstein“ stehen bleiben, uns mit ihm auseinandersetzen und haben dann die Kraft, die Probleme zu lösen. Wir lernen, daß Probleme lösbare Aufgaben an uns sind.

Durch die Lösung können wir Potentiale in uns wecken, von denen wir nicht einmal ahnten, daß sie in uns schlummern. Diese neue Energie aber braucht Raum, um sich zu entfalten. Sie fordert ihren Preis. Er liegt, nachdem wir dies erkannt haben, im nun notwendig gewordenen Aufgeben der selbsterwählten, krankmachenden Gewohnheiten. Der Amethyst führt uns zurück in den Fluß des Lebens.

Ein Merkmal des Lebens ist die Bewegung. Menschen, die in einer Sucht verharren, verschließen sich durch Stillstand einem wesentlichen Teil ihres Lebens, ja, manchmal kostet er auch das Leben. So kann etwa auch gestörtes Eßverhalten zur Sucht führen. Die Magersüchtigen zum Beispiel versuchen, sich durch die Verweigerung der stofflichen Nahrung zu vergeistigen.

In diesem Zusammenhang sollten wir uns klar machen, daß wir umfassend genährt werden – und zwar nicht ausschließlich mit der stofflichen, der eßbaren Nahrung. Das Heilfasten ist die konstruktive Form, bei der wir eine begrenzte Zeit lang die stoffliche Nahrung zu Gunsten der geistigen reduzieren – oder gar ganz weglassen. Bewußtseinserweiternde Erfahrungen sind die Folge.

Der Magersüchtige mit seinem Dauerfasten aber entzieht seinem Körper die Lebenskraft, indem er sich einer wichtigen Quelle – der Nahrungs-

TRAUMBILD AMETHYST

Ich bin auf der Suche, doch ich kann nicht finden.
Ich habe mein Ziel aus den Augen verloren. Auf meinem Weg liegt ein großer, schwerer Stein. Er verstellt mir die Sicht und macht mir Angst. Ich hielt lange die Augen geschlossen, damit ich ihn nicht sehen mußte. Doch jetzt drängt es mich, weiter zu gehen. Ich öffne die Augen. Und zum ersten Mal sehe ich den Stein wirklich. Ich berühre ihn – ganz vorsichtig und spüre, wie er mir Halt gibt. Aus der Nähe erkenne ich viele kleine Stufen. Sie möchte ich hinauf klettern. Nun bin ich oben und die Welt sieht plötzlich ganz anders aus. Alles ist hell und freundlich. Von oben kann ich einen Weg erkennen. Es ist mein Weg und mein Ziel. Dort will ich hin. Ich steige die Treppen hinab und kann weitergehen.

aufnahme – einfach verweigert. Er versucht auf diese Weise, die Schwere des Erdenlebens zu erleichtern. Doch er „ver-sucht“ sich, weil er es auf eine Weise tut, die ihm letzten Endes immer schaden muß.

Neben diesen allgemein als krankhaft angesehenen Süchten kennen wir jedoch auch eine Menge gesellschaftlich akzeptierter Süchte.

So ist zum Beispiel die Geldgier eine durchaus anerkannte Sucht, die einem Menschen in der Gesellschaft zu Ansehen verhilft. Probleme im privaten Bereich können sich in Arbeitssucht äußern.

Aber auch der ewige Schüler befindet sich auf seiner Suche in einem Wissensrausch. Sein Bestreben ist es, möglichst viel geistiges Wissen anzuhäufen, ohne es wirklich zu verarbeiten oder mit Leben zu füllen. Denn das würde ihn vom Schüler zum eigenen Lehrer machen. Das aber will er nicht. Sein Zustand als Schüler enthebt ihn der Verantwortung für sich selbst. Und das ist sein Problem. Wahres Wissen geht immer mit Weisheit einher, und die findet man in keinem Buch, sondern nur in sich.

Auch spirituell interessierte Menschen bleiben dann und wann auf ihrer Suche nach Erleuchtung stehen. Sie werden süchtig nach Lehrern, Meistern und Gurus. Im Leben aber geht es immer darum, den eigenen Weg zu finden. Und dieser Weg ist in uns selbst. Niemand als wir weiß besser, wohin er führen wird.

Welcher Sucht wir auch immer erliegen, immer ist es so, daß sie uns von neuen Erfahrungen abhält.

Wer die Amethyst-Essenz einnimmt, fühlt zunehmend seine Bereitschaft, sich dem Leben zu stellen. Die Energie des Amethyst vermag es, diese in eine Sackgasse geleitete Energie zu befreien, indem er sie in uns zentriert und kanalisiert. Wir können nun die Probleme klarer erkennen und lösen. Wir wissen, daß wir daran wachsen, und werden geführt.

Wie der Amethyst die Energien transformieren und zentrieren kann, soll folgendes Bild zeigen: Wenn wir gesund sind, befindet sich unsere feinstoffliche Energie in ständigem Fluß. Wir nehmen mit unseren Füßen den Kontakt mit der Erde auf, und unser Scheitelzentrum öffnet sich der Unendlichkeit. Diese aufgenommene Energie wird nun über die anderen Zentren im Körper verteilt (siehe Seite 22). Es findet ein ständiger Austausch zwischen aufsteigender und absteigender Energie statt. Kommt es dabei aber zu einem Stau, bietet sich die Möglichkeit des Ausweichens auf eine „Nebenstraße“ an. Und genau das passiert bei Süchten. Hier versackt ein Teil dieser Energie und landet in der Nebenstraße „Sucht“, die sich dann als Sackgasse erweist. Es kommt zum Stillstand. Wir haben einen Teil unserer Kraft der Sucht geopfert. Diese Kraft steht uns nun für das Alltagsleben nicht mehr zu Verfügung. Die Amethyst-Essenz vermag diese gestaute Enerige wieder in Fluß zu bringen und umzuwandeln.

KÖRPER UND STEIN

Der Amethyst wirkt auf das Scheitelzentrum (siehe Seite 24/25). Er symbolisiert mit seiner violetten Farbe eine der höchsten Schwingungsfrequenzen. Das Scheitelzentrum versorgt den oberen Kopfbereich mit Energie. Es steht in Verbindung mit der Zirbeldrüse, die früher als Sitz der Seele angesehen wurde. Diese Hormondrüse ist beteiligt am gesamten Steuerungsgeschehen des Körpers. Die Medizin kennt zwei grundlegende Steuerungsmechanismen: das Nervensystem und das Hormonsystem, die eng zusammenarbeiten und voneinander abhängig sind. Wir können deshalb sagen, daß die Hormondrüsen auf der körperlichen Ebene der „Steuermann" der Lebensvorgänge sind. Sie sind auch verantwortlich für das Wachstum. Umfassend bekannt ist der Wissenschaft bis heute noch nicht, welche Wirkung die Zirbeldrüse auf das menschliche Leben hat. Man weiß nur, daß sie Hormone produziert – unter anderem das inzwischen viel diskutierte Hormon Melatonin.

Was die Essenz bewirken kann

Das Energiezentrum des Scheitels steht im Zusammenhang mit dem gesamten Energiekreislauf des Körpers. Es bildet den krönenden Abschluß unserer menschlichen Daseinsform und verbindet uns mit dem achten Energiezentrum. Stauungen in diesem Zentrum können starke Kopfschmerzen und Kopfdruck verursachen. Die Amethyst-Essenz wirkt auf die Reinigung und Harmonisierung dieses Bereiches. Durch die Öffnung des Energiezentrums nimmt sie Verkrampfungen im gesamten Kopfbereich und bringt die Energie durch ihre hohe Schwingung wieder ins Fließen. Deshalb kann diese Essenz auch bei Kopfschmerzen und Migräne eingesetzt werden. Jeder, der seinen Körper bewußt wahrnimmt, wird die verschiedenen Auswirkungen, die eine stärker fließende Energie mit sich bringt, erfahren.

1

Durch die Amethyst-Essenz wird im Kopfbereich eine erhöhte Konzentrationsfähigkeit gewährleistet. Bei Lernenden bietet sich die Kombination von Lapislazuli und Aquamarin in Verbindung mit Amethyst an. Jeder möge hier die günstigste Essenz für sich herausfinden.

2

Natürlich hat die Lage dieses Zentrums auch eine Auswirkung auf die nähere körperliche Umgebung. Amethystwasser ist deshalb auch ein hervorragendes Mittel für die Pflege der Haare (siehe Seite 35).

Heilende Impulse

Zusätzlich zu der Einnahme der Essenz können Raucher sich einen kleinen Amethyst unter die Zunge legen. Dieser zieht sozusagen die Energie nach oben, an der Sackgasse „Rauchen" vorbei. Das Verlangen nach Zigaretten wird dadurch gedämpft. Wenn Sie nun nicht mehr rauchen, empfehle ich folgende Reinigungskur. Trinken Sie den Saft von unbehandelten Zitronen ungesüßt nach dem Abendessen.

1

Zitronenkur

Am 1. Tag:	1 Zitrone
Am 2. – 5. Tag	2 Zitronen
Am 6. und 7. Tag	6 Zitronen
Am 8. – 10. Tag:	4 Zitronen
Am 11. Tag:	1 Zitrone

Diese vitamin-C-reiche Zitronenkur veranlaßt eine tiefgreifende Entgiftung unseres ganzen Körpers und speziell auch der Lungen.

2

Menschen, die Probleme mit dem Alkohol haben und sich von der Sucht befreien wollen, können einen Amethyststein in die Flasche legen. Ich habe von einem Fall gelesen, in der eine Ehefrau die Flasche Ihres Mannes so „angereichert" hat. Er hat sich zuerst vom Whisky verabschiedet, ist dann zu Wein übergegangen, später zum Bier, um dann schließlich mit der Zeit ganz „trocken" zu werden.

3

Kur für Haare und Kopfhaut

Ein ideales und ganz natürliches Haarshampoo erhalten Sie, wenn Sie etwas Heilerde mit Amethystwasser verrühren.

In Bioläden gibt es auch direkt Haarwaschmittel, die aus Lava- oder Heilerde bestehen. Geben Sie dann einfach etwas Amethystwasser hinzu. Nach der Haarwäsche können Sie dann zusätzlich einige Spritzer des Amethystwassers in das handtuchtrockene Haar und auf die Kopfhaut geben. Die Heilerde hat gute reinigende Eigenschaften, man muß sich nur an das schaumlose Vergnügen gewöhnen.

Die Amethyst-Essenz wirkt auf das Scheitelzentrum, belebt und reguliert es, so daß die Energieversorgung auf der Kopfhaut ausgeglichen wird. Haarprobleme und auch Schuppen lösen sich meist wie von selbst. Was viele nicht wissen: Schuppen sind nämlich die Folge eines Reinigungsprozesses des Körpers. Statt der üblichen 28 Tage verkürzt sich der Erneuerungszyklus der Haut und zeigt sich in einer vermehrten Schuppenbildung. Der Fachmann spricht von einer Seborrhoe.

Unterscheidung

Aquamarin-Essenz: Bewirkt das Loslassen von Prozessen und Entwicklungen, die der Vergangenheit angehören, an denen man aber geistig noch festhält.

Amethyst-Essenz: Befähigt uns zur Bewältigung von Problemen und bringt uns aus dem Stillstand wieder in den Fluß des Lebens.

BEGLEITSÄTZE FÜR DIE BEHANDLUNG MIT DER AMETHYST-ESSENZ

- Ich möchte neue, wichtige Erfahrungen für mein Leben machen.
- Ich folge meiner Berufung und lasse mich von meiner inneren Stimme führen.
- Mit jedem Tag kann ich klarer meinen Weg erkennen.
- In jedem Problem liegt eine Aufgabe, die ich lösen kann.

DER HERKIMER

In Herkimer im Staate New York wird dieser besondere Stein gefunden. Im Unterschied zum Diamanten hat der Herkimer nur eine Härte von 7,5 auf der Mohsschen Härteskala. Er ist für die Herstellung einer Edelstein-Essenz besser geeignet als der „echte" Diamant mit seiner Härte von 10. Der Herkimer ist in seiner feinstofflichen Ausstrahlung sanfter, dennoch gibt er uns den nötigen Halt, unser Schicksal beherzt und entschlossen in die eigenen Hände zu nehmen.

DAS WESEN DER ESSENZ

Der Herkimer ist also weicher als der Diamant und hat die Fähigkeit, sich den individuellen Bedürfnissen einer Persönlichkeit anzupassen. Er ist sozusagen anschmiegsamer und sanfter in seiner Wirkung.

Dieser Stein trägt das klare, farblose Licht in sich. Alle Farben gehen daraus hervor. Er vereint sie in seinem Licht. Um die Wirkungsweise dieser kostbaren Essenz zu verstehen, schauen wir uns zuerst einmal die Signatur des körperlichen Herkimer-Diamanten an: Der Herkimer wächst doppelendig, symbolisiert dadurch die Dualität und damit die Erkenntnis, daß Geist und Materie Ausdruck der Einheit sind.

Im Herkimer-Zustand

Die Herkimer-Essenz ist für alle Menschen geeignet, die sich im Leben als Opfer fühlen. Sie hilft, Fesseln abzulegen und führt uns in die Freiheit. Das Wesen der Herkimer-Essenz beschreibt den Weg vom Opfer zum Schöpfer.

Wir erkennen, daß wir es sind, die unser Leben gestalten und daß alles, was uns zustößt, eine Folge unseres Denkens und Tuns ist.

Die Herkimer-Essenz unterstützt die folgenden Aspekte der Persönlichkeitsentwicklung:

- Selbstbestimmung und Freiheit
- Auflösung von Opferverhalten
- Vom Opfer zum Schöpfer
- Gesetz von Ursache und Wirkung
- Säen und Ernten
- Die Fähigkeit, die Spiegelfunktion der Umwelt zu erkennen
- Stein des Neubeginns

Sie tritt uns solange als Erscheinung der äußeren Wirklichkeit gegenüber, bis wir bereit sind, sie bewußt zu erkennen und zu erlösen.

So steht die Herkimer-Essenz für die bewußte Auseinandersetzung der Beziehungen zwischen der äußeren Umwelt und dem eigenen Selbst, für die aktive Selbsterkenntnis und die damit verbundene Verantwortung, unser Schicksal in die eigenen Hände zu nehmen.

Opferverhalten ist eng verknüpft mit der Ablehnung von Verantwortung. Oft können Menschen, die sich in der Opferrolle sehen, die Verantwortung für ihr Leben noch nicht übernehmen. Sie haben für alle Umstände einen Schuldigen gefunden und nicht erkannt, daß es ein Zusammenspiel zwischen innerem Erleben und der äußeren Welt gibt.

Solange wir die äußere Welt als unabhängige Erscheinung von unserer inneren Welt trennen, sind wir in der Dualität dieser Pole gefangen.

Sobald wir aber erkennen, daß die äußere Welt ein Spiegelbild unserer inneren Welt, unserer Gedanken, Gefühle, ja, unserer Vorstellungsbilder ist, sind wir frei.

Wir leben zwar immer noch in der Polarität, sind eingebettet in den Wechsel von Tag und Nacht, von Sommer und Winter, die auch eine Ausdrucksform der Polarität sind –, jedoch entscheiden wir allein, wohin unser Weg führt.

Vor der Tat

Wir alle haben die Aufgabe, das Zusammenspiel von Geist und Materie zu erkennen. Aus Erfahrung wissen wir, daß der Geist immer vor der Materialisation steht. Ein Beispiel: Es ist für uns vollkommen normal, daß wir zuerst die Idee im Kopf wälzen, ein Haus zu bauen, bevor es dann Wirklichkeit wird und wir einziehen können.

Wir bereiten im Geiste durch unsere Planung den Boden für die Realisierung vor und nach unseren geistigen Vorstellungen handeln wir. Das heißt, wir müssen entsprechend unserer Ideen agieren, indem wir Geld bereitstellen, die Baustelle bestimmen und die Räume nach unseren Bedürfnissen und Vorstellungen planen.

Also auch hier steht die Idee vor der Tat, der Gedanke vor der Verwirklichung.

Wenn wir diesen Gedanken bewußt weiterführen, dann kommen wir zu dem Schluß, daß wir uns unsere Realität geplant haben, so wie wir sie vorfinden.
Wir sagen: Wir sind nicht schuldig, aber wir sind verantwortlich. Schuld ist eine Wertung, Verantwortung zu übernehmen aber heißt: die Außenwelt als Antwort auf unsere innere Welt zu verstehen. Deshalb können wir die Antworten aus der Umwelt selbst bestimmen. Diese Erkenntnis macht uns frei, denn wir wechseln die Position vom Opfer zum Schöpfer. Opfer sind unfrei, Schöpfer sind frei.

Viele Menschen, die die Herkimer-Essenz benötigen, verweigern sich der Erkenntnis dieser Zusammenhänge. Sie erleben immer wieder die gleichen Situationen, ohne jemals wirklich daraus zu lernen. Sie ziehen es vor, vor Konflikten und Schwierigkeiten zu fliehen. Sie wollen weiterhin die Verantwortung für ihr Leben und ihr Schicksal den äußeren Umständen oder gar dem Zufall überlassen. Sie erkennen nicht die Chance, die in der Erkenntnis liegt.

Die einen pflegen resigniert zu sagen: „Schicksal...", andere seufzen: „Mein Karma..." Gehen wir einmal ganz kurz auf diese beiden Betrachtungsweisen ein. Die Realisten glauben an eine zufällige Aneinanderreihung von Ereignissen in ihrem Leben. Das nennen sie Schicksal. Sie sind Opfer. Viele Esoteriker, die überzeugt sind, daß sie schon mehrere oder viele Leben hinter sich haben, sehen ihr jetziges als Folge der bereits gelebten – und ergeben sich in ihr Karma.

TRAUMBILD HERKIMER

Ich werde Verantwortung übernehmen für mich. Lange habe ich die Aufmerksamkeit nach außen gerichtet und sah die Umwelt als Schuldigen für meine Probleme.
Ich war das Opfer. Und so habe ich gekämpft gegen die anderen und mich. Doch nun bin ich des Kampfes müde. Ich möchte Frieden schießen. Ich habe erkannt, daß alles zwei Seiten hat. Manchmal muß ich genau hinsehen, mir bewußt sein. Jetzt erkenne ich, was ich vorher nicht sehen wollte.
Ich weiß, daß das, was mich schmerzte, in mir liegt.
Die Umwelt hat mir gezeigt, wo meine Wunden sind. Deshalb kann ich sie heilen.
Ich bin kein Opfer, ich bin Schöpfer. Nur ich kann mein Leben so gestalten, wie ich es mir wünsche.
Ich übernehme die Verantwortung.

Wir glauben nicht an Schicksal, nicht an Karma. Karma ist nur dann ein scheinbar unabänderliches Schicksal, solange wir nicht erkennen, was wir lernen müssen.

Wirklich frei sein

Die äußeren Umstände, in denen wir leben, sind ein Spiegelbild unserer inneren Begrenzungen, Einstellungen, Gedanken und Gefühle. Das Bedingen von Ursache und Wirkung müssen wir irgendwann bewußt erleben und erkennen.

Wir sind die Ursache, die äußeren Erscheinungen und Umstände, die Wirkung. Deshalb sind wir nicht unserem Schicksal oder dem Karma ausgeliefert. Wären wir das, blieben wir Gefangene und daher nicht frei. Wir haben die Aufgabe, uns zu befreien, um ohne Angst unseren Lebensweg zu gehen. Probleme und Konflikte sind da, um als Aufgabe erkannt und gelöst zu werden. Wir haben verschiedene Möglichkeiten, mit unseren Schwierigkeiten umzugehen. Sind wir uns nicht bewußt, werden wir ihnen auf vertraute Weise begegnen und so lange ihre Problematik erleben, bis wir sie durch Bewußtwerdung „er-lösen".

Sind wir uns aber der Sinnhaftigkeit bewußt, erkennen wir die Aufgabenstellung und erleben sie als Chance der Entwicklung. Auf diese Weise gestehen wir dem Schicksal und dem Karma eine Sinnhaftigkeit zu.

Wir brauchen uns nur bewußt mit der Lebenssituation auseinanderzusetzen und uns fragen: „Was begegnet mir immer wieder?" – „Welche Konflikte stoßen mir zu?" – „Was bereitet mir Sorgen?" – „Was läßt mich wütend werden?"

Sind wir in engen, ärmlichen Verhältnissen groß geworden, so ist es jetzt vielleicht unsere Aufgabe, uns aus dieser Enge zu befreien.

Einer Freundin von mir kamen lange Zeit Leute zu nahe. Sie war oft beleidigt und wütend, hat die Verantwortung an ihren Partner abgeschoben: er sollte sie in Schutz nehmen.

Sie fühlte sich als Opfer und wollte keine Verantwortung übernehmen. Sie sagte später: „Ich wollte die Antwort auf meine inneren Konflikte nicht hören und schon gar nicht spüren. Mein Problem war, daß ich mit allen Mitteln geliebt werden wollte. Die Ursache lag, das weiß ich heute, an der mangelnden Liebe zu mir selbst."

Sie paßte sich der Umwelt an, um geliebt zu werden und versäumte es dadurch, sich selbst zu finden. Und so wußte sie auch nicht, wo ihre Grenzen lagen – eben deshalb überschritten die Freunde und Bekannten stets ihre Grenzen und kamen ihr zu nahe.

KÖRPER UND STEIN

Die Haut begrenzt uns körperlich, durch sie atmen wir, geben aber auch wieder ab. Die Haut ist für uns der Grenzbereich gegenüber allem, was wir als anders, fremd oder als nicht zu uns gehörend empfinden. Die Grenzfunktion ist jedoch nicht nur körperlich zu verstehen, sondern auch seelisch. So ist die Haut also nicht nur Mittler zwischen der körperlichen Seite und der Psyche einer Persönlichkeit, sondern gleichzeitig auch zwischen dem Ich-Bewußtsein und der Außenwelt. Das Suchen nach dem Sinn des Lebens geht, wie gesagt, immer mit der Bewußtwerdung der Zusammenhänge zwischen Innen und Außen, Geist und Materie einher. Ob es da wohl ein Zufall ist, daß sich gerade in dieser Zeit der zunehmenden Sinnsuche die Praxen der Hautärzte immer mehr füllen? Die Menschen werden immer dünnhäutiger, ihre Haut zeigt die Probleme, die sie mit sich und der Umwelt haben.

Hautnahes Erleben

An der Haut als Spiegelbild der Seele läßt sich sehr schnell ablesen, wie es um das Befinden eines Menschen steht. Viele „Dünnhäuter" befinden sich in einer massiven Auseinandersetzung mit sich und der Umwelt. Sie haben die Grenzen zwischen sich und der Umwelt sehr dünn gestaltet und quälen sich oft mit allerlei Hautproblemen herum. Vielen bekommt der Kontakt mit der Umwelt nicht. Die Folge sind Kontaktallergien. Auch das Kribbeln unter der Haut ist ein körperliches Symptom für den Austausch mit der Umwelt. Dieses Kribbeln tritt vor allem häufig im Frühjahr auf, wenn die Leber als Entgiftungsorgan besonders aktiv ist. Sie ist – laut der chinesischen Medizin – im Frühjahr das Kaiserorgan in unserem Körper. Die Leber als größtes Entgiftungsorgan bringt nun diese Reinigung tüchtig in Gang, was sich durch Jucken oder Kribbeln äußern kann. Diese körperliche Klärung kann und sollte aber auch als ein nach Außen bringen von Konflikten und damit als eine Auseinandersetzung mit der Außenwelt gesehen werden.

Was die Essenz bewirken kann

Hier, wie überhaupt bei allen Hauterkrankungen, hat die Herkimer-Essenz einen sehr positiven Einfluß. Durch die Einnahme kann die Auseinandersetzung zwischen dem Ich-Bewußtsein und der Umwelt, zwischen der Psyche und dem Körper auf der feinstofflichen Ebene gelöst werden. Die Einnahme der Essenz bewirkt ein Nachlassen des Juckgefühls, oft hört es nach einer Zeit auch ganz auf. Als Stein kann der Herkimer in der Hand gehalten werden (am besten zum Einschlafen).
Sogar bei Neurodermitis hat der Stein als begleitende Maßnahme schon oft Wunder vollbracht. Allgemein hat der Herkimer auf die Haut eine ausgezeichnete Wirkung. Wer Wasser, das mit einigen Tropfen der Essenz vermischt wurde, auf seine Haut aufträgt, reinigt und klärt diese und erhöht die Strahlkraft der Aura.

Heilende Impulse

1

Beginnen Sie gleich jetzt, Ihre Welt zu formen. Gehen Sie vergnügt, mit einem Lächeln auf den Lippen und in den Augen, zum Einkaufen oder schlendern Sie mal durch die Stadt. Beobachten Sie, wie die Umwelt auf Sie reagiert. Sie werden erstaunt sein, wieviele freundliche Menschen Ihnen begegnen.

2

Der Herkimerdiamant hat starke Fähigkeiten im Speichern von Informationen. Sie können etwas, was Ihnen am Herzen liegt – sei es nun die Bewältigung einer Krise, die Gesundheit oder ein anderer Herzenswunsch – mit der Bitte um Lösung in diesen Stein einprogrammieren. Machen Sie das jeden Tag aufs Neue und denken Sie ab und zu daran. Legen Sie Ihren Stein an einen schönen Ort der ihm gefällt. Wie ein Sender funkt er nun Ihre Bitte ins Universum. Man könnte das auch mit einer Anzeige in einer Zeitung vergleichen, auf die sich dann jemand meldet, der Ihnen helfen kann. Wenn Sie eine Pyramide besitzen, können Sie den Stein darunter legen. Die Kraft der Pyramide hilft noch einmal als Gedankenverstärker.

3

Sind Ihre Pflanzen schlapp und lustlos? Dann geben Sie in das Gießwasser einige Tropfen Herkimer-Essenz. Das schenkt ihnen wieder Kraft und sie werden bald mit neuer Energie wachsen und blühen. Auch das Besprühen mit der Herkimer-Essenz hilft.

4

Als Traumstein ist der Herkimer ein stiller Begleiter. Er läßt die Träume intensiver werden und hilft auch bei Einschlafstörungen.

BEGLEITSÄTZE FÜR DIE BEHANDLUNG MIT DER HERKIMER-ESSENZ

- Ich erkenne in der Umwelt die Auswirkungen meines Denkens und Handelns.
- Ich bin der Schöpfer meines Lebens.
- Ich erkenne in Problemen meine Aufgaben und weiß, daß jedes Problem gelöst werden kann.
- Ich säe positive Gedanken und werde die positiven Auswirkungen ernten.

DER BERGKRISTALL

Zu den in der Antike geheiligten Steinen gehört der aus Siliziumdioxid bestehende Bergkristall. Der Bergkristall wächst auf der Oberfläche eines Gesteins und ist zunächst noch kompakt und undurchsichtig. Erst mit der Zeit entwickelt sich die Klarheit des Bergkristalls, indem er sich beim Wachsen dem Licht zuwendet. Seine Krönung findet er schließlich in seiner Spitze, in der die sechs Seiten des Kristalls zu einer Pyramidenspitze zusammenlaufen.

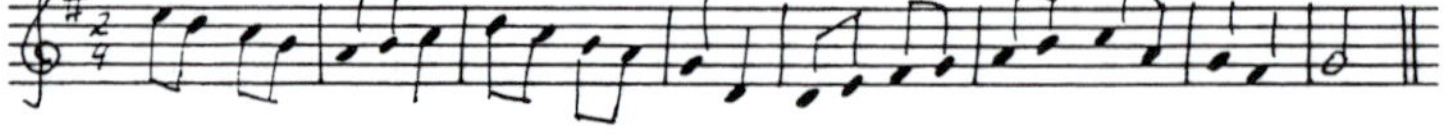

DAS WESEN DER ESSENZ

Die Entstehungsgeschichte dieses Kristalls sagt uns schon, worauf es auch bei uns Menschen ankommt: Der Kristall entwickelt sich und wächst, reckt sich dem Licht entgegen und nimmt dadurch an Klarheit zu. Auch wir Menschen entwickeln unsere Persönlichkeit im Laufe der Zeit auf demselben Wege. Auch wir sehnen uns nach Erleuchtung und Einheit. Viele Heiler sehen in den Seiten des Bergkristalls das Symbol für die sechs unteren Chakren, die Spitze als Krönung symbolisiert das Scheitel-, oder wie wir es auch nennen können, das Kronenchakra.

Der Bergkristall hat mit seiner klaren durchsichtigen Farbe die Fähigkeit, das Licht zu speichern und über die Spitze wieder abzugeben. Seine Hauptbedeutung innerhalb der KATMA-Edelstein-Essenzen hat der Bergkristall als Lichtbringer und Lichtträger, sowie als Verstärker der anderen Essenzen. Sie können also unbesorgt einige Tropfen Bergkristall den anderen Essenzen beifügen, wenn Sie das Gefühl haben, daß das gut für Sie wäre. Im allgemeinen wirkt sie sich verstärkend aus.

Die Energie des Bergkristalls hilft uns mit seinem Licht bei Zuständen von Dunkelheit in uns, aber auch bei plötzlich empfundener Trauer und bei Weltschmerz. Die Hilfe, die sie uns schenkt, bezieht sich aber nicht nur auf die Überwindung dieser Krisen und Schwierigkeiten, sondern sie verhilft uns auch zur Erkenntnis der Ursachen für diese Zustände und dem „Damit-Umgehen-Können".

Die Bergkristall-Essenz unterstützt die folgenden Aspekte der Persönlickeitsentwicklung:

- Hilfe bei Trauer und Weltschmerz
- Licht bei innerer Dunkelheit
- Klarheit
- Transformation

Im Bergkristall-Zustand

Die Bergkristall-Essenz behandelt einen schon weitgehend transformierten Zustand – im Gegensatz zum blockierten Citrin-Zustand, in dem man sich noch nicht gefunden hat und sich seiner selbst noch nicht bewußt ist.

Wer die Bergkristall-Essenz benötigt, ist sich seiner selbst schon bewußt. Er hat die Führung durch seine innere Stimme schon erfahren und das lichte Dasein schon erlebt. Tief in sich kennt er seinen Weg und fühlt in sich die Berufung. Doch er kann noch nicht aus vollem Herzen „Ja" sagen. Er ist vom Weg abgekommen, hat er sich verlaufen und fühlt sich deshalb zeitweise innerlich von seiner Lebensquelle – dem Licht – getrennt. Er ist sehr sensibel und fühlt sich in der inneren Dunkelheit gefangen. Er weiß nicht mehr, wohin es geht, er hat seine Führung verloren. Es ist, als ob die Seele trauert.

Dieser innere Zustand zeigt sich dann manchmal auch äußerlich – in einem erzwungenen Stillstand:

Vorhaben, die erfolgversprechend und sicher schienen, fallen plötzlich wie ein Kartenhaus in sich zusammen. Alle Aktivitäten erweisen sich als vergeblich.

In Bereichen, in denen sonst immer alles glatt lief, verlangsamt sich nun die Entwicklung stetig, bis sie schließlich ganz zum Stillstand kommt.

Sichere Projekte werden plötzlich abgebrochen. Logisches Denken hilft uns hier nicht mehr weiter. Denn nun wird klar: Wir kommen auf unserem gewohnten Weg nicht mehr voran – wir haben uns verlaufen. Manche haben es schon längere Zeit irgendwie gefühlt, die äußeren Zeichen der notwen digen Umkehr aber nicht sehen wollen. Andere sind nun vollkommen überrascht und sehen sich vor einer schwarzen Wand. Sie haben die kleinen Hindernisse und Behinderungen als lästig empfunden, ihnen aber keine Bedeutung beigemessen.

UMKEHR INS LICHT

Jetzt aber, wo alles aussichtslos erscheint, sind wir gezwungen, umzudenken und umzulernen. Wir erleben nun zwangsweise, was wir nicht sehen wollten. Wir erkennen, daß halbherzige äußere Kursänderungen aussichtslos sind, solange sie nicht von einer inneren Umkehr veranlaßt werden. Und so verlangen die äußeren Umstände die innere Umkehr.

Die Bergkristall-Essenz hilft, uns wieder dem Licht zuzuwenden. Wir finden wieder zu uns. Hier – auf unserem Weg – können wir uns nicht verlaufen. Er führt uns zum Ziel und nicht vor eine Wand, an der es nicht mehr weiter geht. Dieser Zustand tritt oft in entscheidenden Entwicklungsabschnitten auf, in denen wir auf unseren wahren Weg geführt werden. Durch die erhellenden und erhöhenden Schwingungen der Bergkristall-Essenz finden wir wieder Kontakt zu unserem Selbst. So kann uns die Bergkristall-Essenz in Lebenskrisen helfen, die innere Dunkelheit und Leere zu überwinden.

Wer die Bergkristall-Essenz einnimmt, fühlt sich zunehmend leichter. Vieles wird nun im rechten Licht gesehen, wo man früher noch im Dunklen tappte. So verhilft die Energie der Bergkristall-Essenz zu mehr Leichtigkeit und Helligkeit im Leben.

Gerade die Sensitiveren unter uns werden oft von Gefühlen geplagt, für die es keine direkte Ursache zu geben scheint. Da diese Menschen mit einer dünnen Haut die Welt durchschreiten, neh-

men sie Schwingungen und Eindrücke aus der Umwelt viel intensiver auf als andere. Sie spüren manchmal eine plötzliche Trauer oder Angst vor etwas Unbestimmten.

In den meisten Fällen sind sich diese Menschen ihrer Sensibilität gar nicht bewußt und wissen nicht, wie ihnen geschieht. Sie spüren nur diese dunklen Schatten um sich herum, und alles wird ihnen plötzlich unendlich schwer. Sie leiden unter dieser Last und können sich, weil die Herkunft für sie unbekannt ist, auch nicht mit Argumenten gegen sie wehren und schützen.

Sie fühlen sich ausgelaugt und kraftlos. Ihr ganzer Körper wird auf eine niedrige Ebene der Schwingung gedrückt. Äußerlich erkennbar ist dieser Zustand manchmal an betont langsamen Bewegungen oder einer gebeugten Körperhaltung.

Auch Rückenschmerzen zeigen sich als äußere Erscheinung dieser schwer zu tragenden Last. Und so leiden sie, bis die Dunkelheit vorüber ist.

Auch werden sie mit Bildern, Impulsen und Visionen aus der geistig emotionalen Ebene überschüttet.

Doch sie sind noch nicht in der Lage, diese Eindrücke bewußt aufzunehmen und zu verarbeiten. Nun tragen sie schwer an dieser Last, und oft sind diese unbewußten Eindrücke auch die Ursache für ihren Weltschmerz und die plötzliche Trauer.

Hier hilft die Bergkristall-Essenz, die unklar empfangenen und deshalb als dunkel empfundenen Energien bewußt zu erkennen und deren Herkunft zu orten.

Mit der hohen Schwingungsfrequenz dieses Steins gelingt es nun, die eigene Kraft wieder zu stärken. Dies macht sich in einer stärker von Licht durchfluteten Aura bemerkbar, die ihrerseits nun wieder mehr die Helligkeit anzieht und das Dunkle, für uns Bedrohliche, aufzulösen vermag.

TRAUMBILD BERGKRISTALL

Ich fühle eine innere Dunkelheit in mir. Sie hält mich gefangen, und es ist, als ob ein schwarzer Umhang mich einhüllt. Er ist schwer und drückt mich fast zu Boden. Kein Lichtstrahl kann hindurch. Noch nicht. Doch jetzt befreie ich mich von dieser Dunkelheit. Ich ziehe den Mantel aus und lege ihn ab. Nun gehe ich unter die Lichtdusche. Ich drehe sie auf und plötzlich strömt ein weißer Lichtstrahl aus ihr. Ich lasse mich von ihm bestrahlen und reinigen. Zu meinen Füßen sehe ich, wie die Dunkelheit ausgewaschen und hinweggespült wird. Wenn ich einatme, strömt das Licht in mich hinein. Ich fühle die Helligkeit in mir. Sie ist so stark, daß sie auch nach außen über meinen Körper ausstrahlt und mich ganz einhüllt. Jetzt fühle ich mich sicher, leicht und frei.

KÖRPER UND STEIN

Die Bergkristall-Essenz wirkt mit ihrer hohen Schwingungsfrequenz auf das siebte Energiezentrum (siehe Seite 24/25). Von hier wird die Energie über den gesamten feinstofflichen Kreislauf verteilt. Die Essenz des Bergkristalls eröffnet uns den Zugang zum achten Chakra, das sich 25-35 Zentimeter über unserem Kopf befindet. Auf diese Weise kann das gesamte Energieniveau des Körpers angehoben werden. Die Bergkristall-Essenz hilft, Blockaden im energetischen System zu lösen, die die Basis von körperlichen Beschwerden sind.

Was die Essenz bewirken kann

1

So kann die Essenz auch bei Migräne und Kopfschmerz angewandt werden. In diesem Fall reibt man die Schläfen und die Stirn mit etwas Bergkristall-Öl ein (siehe Seite 34). Der Energiefluß wird angeregt und Stauungen können abgebaut werden. Allgemein trägt der Bergkristall eine erhellende, vitalisierende und stabilisierende Energie in sich.

Behandlungsvorschlag: Diese Behandlung machen Sie am besten mit einem Partner, damit Sie sich voll entspannen können. Einige Stellen aber sind auch bei der Alleinbehandlung leicht erreichbar. Nun brauchen Sie einen Bergkristall, der am besten natürlich gewachsen sein sollte, also nicht geschliffen ist. Konzentrieren Sie (oder der Behandler) sich auf den Bergkristall. Halten Sie ihn mit der Spitze zirka sieben Zentimeter über die zu behandelnde Stelle und bewegen Sie ihn leicht hin und her. Sie werden sofort die Energie spüren, die er aussendet. Schließen Sie die Augen und stellen Sie sich Ihre kranke Stelle als dunkle Wolke vor, die der Bergkristall durch seine heilende Kraft immer mehr aufhellt, bis die Dunkelheit vorüber ist. Zum Schluß fühlen Sie die weiße Wolke, die sich nun über ihren ganzen Körper, besonders aber über die schmerzende Stelle ausbreitet. Reinigen Sie den Bergkristall bitte nach jeder Behandlung durch gründliches Spülen unter fließendem Wasser, da er die negativen Energien aufgenommen hat.

2

Durch seine natürlich gewachsene Form kann der Bergkristall auch als eine Art biologischer Laser eingesetzt werden. Seine Spitze bündelt und verstärkt die von ihm aufgenommene Energie, dadurch entsteht ein Lasereffekt. Diese stark gebündelte Energie wirkt lösend auf Blockaden im energetischen System und damit auch innerhalb der Aura. Ich habe schon die Erfahrung gemacht, daß bei Schmerzzuständen wie zum Beispiel Kopf-, Hals-, Nacken- oder Rückenschmerzen die Behandlung mit einem Bergkristall Abhilfe schaffen kann.

3

Auch bei schlecht heilenden Wunden, bei Narben alten oder neuen Ursprungs, kann die Kraft des Bergkristalls regenerierend helfen und durch seine Energie den Heilungsprozeß unterstützen.

Unterscheidung

Malachit-Essenz: Man lernt zunehmend, mit unbestimmten und konkreten Ängsten jeder Art umzugehen und sie Stück für Stück loszulassen.
Citrin-Essenz: Man ist sich seiner selbst noch nicht bewußt, muß sich in der Umwelt spiegeln oder zieht sich vollkommen in sich zurück.

Bergkristall-Essenz: Schenkt Helligkeit und Leichtigkeit bei Zuständen von innerer Dunkelheit. In dem weitgehend transformierten Zustand hat man sich zeitweise von der inneren Führung entfernt und erfährt plötzliche Trauer und Weltschmerz.

Heilende Impulse

1

Die Bergkristall-Essenz vermag die Wirkungen aller Essenzen zu intensivieren, indem sie die Schwingung der Steinenergie erhöht. Sie kann problemlos mit anderen Essenzen eingenommen werden.

2

Wenn Sie sich von der Dunkelheit gefangen fühlen, können Sie auch zusätzlich zu der Einnahme eine Bergkristallmeditation machen. Legen Sie den Kristall mit der Spitze nach oben zwischen die Augenbrauen. Atmen Sie ruhig und gleichmäßig und seien Sie offen für die Impulse und Eindrücke, die auf Sie einwirken werden. Vielen Menschen hat die Meditation mit einem Bergkristall schon sehr geholfen, den Sprung in die wirkliche Meditation zu schaffen, das heißt: sich dem Bewußtseinszustand der Meditation zu öffnen.

3

Als Schutzstein um den Hals getragen, leistet dieser Stein ebenfalls ganz besondere Dienste. Der Bergkristall hängt dann direkt über dem Solarplexus. Bitte achten Sie darauf, wenn Sie sich einen Anhänger kaufen, daß er natürlich gewachsen ist und eine Spitze hat (das heißt: er sollte nicht nachträglich geschliffen sein). Die Spitze des Kristalls sollte nach unten zeigen. Wichtig ist weiterhin, daß das stumpfe Ende des Bergkristalls nicht vollständig in eine Fassung eingearbeitet ist. Beide Enden, das stumpfe und das spitze, müssen atmen können,

BEGLEITSÄTZE FÜR DIE BEHANDLUNG MIT DER BERGKRISTALL-ESSENZ

- Ich habe keine Angst vor der Dunkelheit in mir.
- Die Kraft des Bergkristalls erleuchtet mein ganzes Wesen und zeigt mir meinen Weg.
- Ich bin ganz und gar erfüllt von Licht.
- Ich kann die Eindrücke und Impulse aus der geistigen Welt bewußt wahrnehmen.
- Ich gewinne an Klarheit

Reinheit und Klarheit

Auch hilft uns die Essenz, klarer zu erkennen, daß diese Dunkelheit unsere eigenen Vorstellungsbilder sind, die wir so lange als bedrohlich empfinden, bis wir erkannt haben, daß hinter allem nur eine Kraft steht.

Durch die Einnahme der Bergkristall-Essenz erkennen wir die große Kraft, die hinter allem steht, und die wir in uns tragen.

Wir erfahren Schritt für Schritt Erleuchtung und können uns führen lassen. Wir haben die Fähigkeit erlangt, uns zunehmend bewußter auf diese feineren Bewußtseinsebenen einzuschwingen und in unser Leben zu integrieren. Unsere gesamte Energie wird erhöht und dadurch erreichen wir in unserem Leben eine ganz natürliche Annäherung an unser höheres Selbst. Indem wir uns dem Licht entgegenstrecken und von ihm geführt werden, können wir innerlich wachsen. Nun haben wir näheren Kontakt zu unserem geistigem Selbst.

Der Irrtum im negativen Bergkristall-Zustand liegt in der unbewußten Leugnung der dunklen Seite der Seele. Wir müssen lernen, daß überall, wo Licht ist, auf der anderen Seite Schatten sein muß. Auch an einem hellen Sommertag können wir uns von unserem Schatten nicht abwenden, denn erst durch das Licht wird er sichtbar. Das Kennen und Akzeptieren des Dunklen in uns ist für die Ganzwerdung der Persönlichkeit unerläßlich. Verbannnen wir unsere dunkle Seite, so überfällt sie uns von Zeit zu Zeit, um an ihre Existenz zu erinnern, bis wir gelernt haben, diese Dunkelheit bewußt zu erleben.

Bergkristall und Herkimer-Diamant

Zusätzliche Empfehlungen zur Anwendung

Die **Bergkristall-** und die **Herkimer-Essenz** haben innerhalb von KATMA eine Schlüsselstellung – beide stehen für das 7. und 8. Energiezentrum (siehe S. 25). Sie verbinden die persönliche Ebene mit der außerpersönlichen und beschreiben deshalb einen weitgehend transformierten Bewußtseinszustand. Wenn Sie mit diesen Essenzen arbeiten wollen, ist eine Vorbereitung mit anderen oft sehr hilfreich.

Ein Beispiel: Sie fühlen sich von der **Herkimer-Essenz** angesprochen, möchten Ihr Leben in die eigenen Hände nehmen. Möglicherweise leben Sie noch nach alten, längst überholten Verhaltensmustern. Hier kann die **Goldtopas-Essenz** helfen, den Boden zu bereiten. Fragen Sie sich auch: „Welche Bedürfnisse, welche Wünsche habe ich, wohin will ich gehen?" In diesem Fall läßt die **Mondstein-Essenz** Ihre innere Stimme deutlicher werden.

Denn alle Bedürfnisse und Wünsche sind nicht zufällig in uns angelegt, sie drängen nach Erfüllung. Sie wissen ja: Gefühle sind der Kompaß unseres Lebensweges!

Die **Herkimer-Essenz** steht für die Einsicht, daß man vor der Ernte erst säen muß. Es ist die Essenz, die den Durchbruch in die wirkliche Freiheit und Selbstbestimmung einzuleiten vermag. So erleben wir während der Einnahme der Herkimer-Essenz bewußter die Spiegelfunktion der Umwelt gegenüber unserem eigenen Selbst und erkennen die Chance, die in dieser Erkenntnis liegt. Die **Herkimer-Essenz** baut die Brücke vom Ich-Bewußtsein zum allumfassenden Bewußtseinszustand.

DIE QUINT-ESSENZ

Die Quint-Essenz ist eine Komposition aus fünf verschiedenen Edelsteinen, die in ihrem Zusammenwirken eine äußerst harmonische Verbindung eingehen. In ihr vereinen sich die Kräfte des Turmalin, des Rubin, des Smaragd, des Lapislazuli und des Bergkristalls zu einem „Basismittel“.

DAS KATMA-BASISMITTEL

Die Quint-Essenz erhalten Sie in der Originalflasche schon fertig gemischt. Das Verfahren der Herstellung war sehr kompliziert, denn es brauchte eine lange Zeit, bis wir die richtigen Steine in der richtigen Größe und Qualität gefunden hatten. Die Steine müssen sich zudem in ihrer Wirkung ergänzen, unterstützen, ja, sich in ihrer Kraft potenzieren. Grundlage ist deshalb ein „Steinquintett", das zusammen paßt und miteinander harmoniert. Kein Stein darf die Wirkung eines anderen überdecken. In der Quint-Essenz sollen sie – wie in der Musik – zu einem Ton verschmelzen und eine neue, ganz eigene Schwingung hervorbringen. Es ist deshalb nicht möglich, die Quint-Essenz aus den anderen Edelstein-Essenzen zu mischen. Ihre harmonische Energie erhält die Quint-Essenz nämlich nur, wenn die verschiedenen Steine schon bei der Herstellung zusammenkommen – nicht erst als Essenz.

Für den Fall der Fälle

Die Quint-Essenz eignet sich für alle Menschen, die seelische oder körperliche Erschütterungen erleiden. Sie hilft, das energetische Gleichgewicht wieder herzustellen, damit wir in der Lage sind, neue Kräfte zu schöpfen. In Streßsituationen geraten wir ja leicht in Angst und Panik; die Quint-Essenz beruhigt unsere Psyche und wirkt regulierend und ausgleichend. Wenn wir im Leben vor Aufgaben stehen, die uns im Moment überfordern – das kann zum Beispiel eine Krankheit sein, die wir oder ein naher Angehöriger haben, aber auch der Tod, mit dem wir plötzlich konfrontiert werden – kann die Quint-Essenz helfen, mit der neuen Situation besser fertig zu werden. Die Anwendungsmöglichkeiten sind nahezu unbegrenzt und schließen den Patienten selbst, wie die Behandlung der Menschen in der unmittelbaren Umgebung mit ein.
Aber auch bei einem einfachen Mückenstich, wenn wir uns gestoßen oder die Finger eingeklemmt haben, unterstützt diese Essenz uns bei der Verarbeitung dieses kleinen seelischen Schocks.
Bei Verletzungen oder gar Unfällen dient sie als seelische Stütze, als Überbrückungshilfe, bis die medizinische Hilfe einsetzt. In diesem Zusammenhang möchten wir nochmals deutlich darauf hinweisen: Die Quint-Essenz ersetzt keinesfalls die Behandlung eines Arztes, weil sie feinstofflich wirkt, also auf die Informationsebene Einfluß nimmt.

Mit der Quint-Essenz haben wir also in Krisenmomenten schnell ein Mittel zur Hand, das als Basismittel die wichtigsten Eigenschaften der Edelsteine zur Stabilisierung und zum Ausgleich unseres Energiesystems in sich trägt. Gerade die sensible feinstoffliche Ebene reagiert schnell auf Erschütterungen. Sie führen zu Veränderungen in diesem Bereich und setzen sich hier fest. Das Ergebnis sind Blockaden, die Lebensenergie kann nicht mehr ungehindert fließen. Das wiederum kann zu psychischen und physischen Störungen führen. Da diese Veränderungen für die meisten Menschen nicht sichtbar sind, werden sie oft unterschätzt. Es ist wichtig, möglichst schnell einen Ausgleich zu schaffen. Mit der Quint-Essenz haben Sie ein Mittel zur Hand, das Ihnen die Möglichkeit gibt, schnell zu reagieren.

Die Anwendung

Auf Seite 28 können Sie nachlesen, wie Sie sich aus den Originalflaschen eine gebrauchsfertige Mischung bereiten können. Allerdings nehmen Sie hier für 10 ml Fläschchen 3 Tropfen und für Flaschen mit 20 ml Inhalt 6 Tropfen der Quint-Essenz aus der Originalflasche.

Dosierung

Bei Bedarf geben Sie bis zu fünf Tropfen aus der „Anwendungsflasche" in ein Wasserglas, rühren es um und trinken es schluckweise. Sie können die Tropfen auch direkt auf die Zunge oder – wenn das nicht möglich ist – auf die Lippen geben. Wiederholen Sie das nun alle zwei bis drei Stunden, bis sich Ihr Zustand stabilisiert hat. Danach können Sie weitere sieben Tage lang jeweils drei Tropfen täglich einnehmen. Nach einer Woche sollten Sie dann die Behandlung mit einer anderen Essenz beginnen, die Ihrem momentanen seelischen Zustand entspricht.

Wenn Sie keine Anwendungsflasche vorbereitet haben, ist es natürlich auch möglich, die Tropfen direkt aus der Originalflasche zu nehmen. Verwenden Sie dann aber nur zwei bis drei Tropfen. Bitte bedenken Sie, daß die Quint-Essenz nicht für die Dauerbehandlung gedacht ist und deshalb nicht länger als zwei bis maximal drei Wochen eingenommen werden sollte. Danach müßte sich der Zustand stabilisiert haben.

Weitere Anwendungsmöglichkeiten

Auch die äußere Verwendung der Quint-Essenz ist möglich. Sie können sie bei kleineren Stichen punktuell auftragen, so zum Beispiel auf den Mückenstich. Die Haut beruhigt sich schneller, und das Jucken läßt nach. Für größere Bereiche des Körpers können sie Umschläge und Bäder nehmen. Auf diese Weise können Sie auch äußerlich zur Harmonisierung Ihres Zustandes beitragen, damit es Ihnen bald wieder besser geht.

1

Für Ihre Tiere:

Nach und auch vor kleineren oder größeren Eingriffen (etwa bei einer Sterilisation oder Kastration), vor oder nach einem Besuch beim Tierarzt, aber auch während des Genesungsprozesses wirkt sich die Essenz sehr vorteilhaft aus. Wenn Ihr Tier erkrankt ist, kann diese Mischung zusätzlich zu anderen Medikamenten gegeben werden. Zu Wechselwirkungen mit anderen Mitteln kommt es nicht, da die Wirkung eine feinstoffliche ist.

Auch die erste Gewöhnung an eine neue Umgebung kann durch die Quint-Essenz beschleunigt werden. Wenn Sie ein Tier bei sich zu Hause aufnehmen, können Sie dem Neuankömmling und dem „alten" Tier helfen, sich aneinander zu gewöhnen. In all diesen Fällen geben Sie Ihrem Tier zwei bis drei Tropfen ins Wasser, auf das Futter oder einfach auf die Nase. Es wird sie schnell ablecken.

2

Für Ihre Pflanzen:

Nach dem Umtopfen oder Umsetzen von Pflanzen, während und nach Schädlingsbefall oder auch bei einem Standortwechsel von Zimmerpflanzen, können Sie sechs Tropfen aus der Anwendungsflasche oder vier Tropfen aus der Originalflasche direkt ins Gießwasser geben.

Auch das Besprühen mit dieser Mischung hilft. Dies sind selbstverständlich nur Vorschläge, die Ihnen als Anregung dienen sollen. Wir hoffen, daß Sie mit Hilfe des Buches wieder Zugang zu Ihrer Intuition finden und dadurch neue Wege entdecken, KATMA-Edelsteinessenzen erfolgreich einzusetzen.

Leserservice

Das Buch KATMA-Edelsteinessenzen erschien in seiner ersten Auflage im Jahr 1997. Die KATMA-Therapie selbst existiert bereits seit 1989. Sie war die erste, die die feinstofflichen Aspekte der Heilsteine in einem System zusammenfasste. Längst arbeiten Apotheken und Kliniken, Heilpraktiker und Ärzte mit ihnen. Nachdem das Buch für einige Jahre vergriffen war, freuen wir uns, dass wir es Ihnen im Verlag Fröhling & Fröhling wieder zur Verfügung stellen können. Wir sind allen KATMA-Freunden für ihre begeisterten und liebevollen Resonanzen verpflichtet und dankbar dafür, dass KATMA mit Ihnen wachsen durfte.

Bestellung von KATMA

Das Buch wäre unvollständig, würde es nur die Geschichte und die Wirkungen der KATMA Essenzen beschreiben. Natürlich haben Sie die Möglichkeit, das Set mit den Original KATMA-Edelsteinessenzen bei uns zu bestellen. Näheres zu den aktuellen Angeboten, Seminaren, Anwendungsbeispielen und Erfahrungen mit den Essenzen finden Sie auf unserer Website: www.katma.de.

Konditionen für Wiederverkäufer

Für Apotheken, Einzelhändler, Therapeuten oder Wiederverkäufer haben wir spezielle Konditionen. Fragen Sie uns, wir freuen uns auf Ihre Anfrage.

KATMA-Seminare

Möchten Sie als KATMA-Therapeut arbeiten oder mehr über die einzelnen Essenzen, ihre weiteren Anwendungsmöglichkeiten, über Kombinationsmittel und Erfahrungsberichte wissen, dann sind unsere die KATMA Seminare sicher interessant für Sie.

Kontakt

KATMA
Katrin Martin
Selzenstraße 23
79280 Freiburg-Au
Telefon: 0761/ 404607
Fax: 0761/ 404653
Internet. www.katma.de
Email: info@katma.de

KATMA & Feng Shui

Neben der Weiterentwicklung von KATMA arbeiten wir parallel an unserem Deutschen Feng Shui Institut (DFSI), das sich mit der Harmonisierung von Mensch und Raum beschäftigt. Denn natürlich flossen unsere Erkenntnisse über die Heil- und Ordnungskraft von Edelsteinen und ihre Essenzen auch in die Schaffung von Resonanz- und Krafträumen ein. Wir sind dankbar dafür, dass wir mit diesen beiden Lebensthemen einen wirklich ganzheitlichen Ansatz verwirklichen konnten.

Haben Sie Fragen rund um Feng Shui? Dann wenden Sie sich an das:

Deutsche Feng Shui Institut (DFSI)
Katrin Martin & Thomas Fröhling
Selzenstraße 23
79280 Freiburg/Au
Tel: 0761/ 8866259
Fax: 0761/ 40 46 53
Internet: www.dfsi.de
e-mail: info@dfsi.de

Seminare & Ausbildungen

Allen, die Feng Shui zu ihrem Beruf machen oder dieses Wissen als Ergänzung ihrer bisherigen Tätigkeit nutzen wollen, bietet das Deutsche Feng Shui Institut (DFSI) eine mehrmonatige Basis-Ausbildung mit drei Intensiv-Wochen an, in denen Sie die Grundlagen dieser Harmonielehre erlernen können. Nach erfolgreichem Abschluss sind Sie berechtigt, als „Feng Shui-Berater, DFSI-geprüft" zu arbeiten. Weiterhin bietet das DFSI – in Zusammenarbeit mit Architektenkammern – Aus- und Weiterbildungsprogramme für Architekten, Raumausstatter und Bauunternehmer an.

Per Fernkurs zum Feng Shui-Berater

Mit dem staatlich geprüften und anerkannten Fernkurs des Deutschen Feng Shui Instituts (DFSI) werden Anfragen nach fundierten und kompetenten Ausbildungen von zu Hause aus erfüllt. Er ist auf Grundlage des Feng Shui-Basiskurses entwickelt worden, den die meisten der bekannten und anerkannten Feng Shui-Berater in den deutschsprachigen Ländern, aber auch zahlreiche Berater u. a. aus Russland, Dänemark, Spanien und Mexiko absolviert haben.

Business & Management

Im Bereich Business-Feng Shui hat das DFSI Management-Schulungen sowie verschiedene Unternehmensberatungsprodukte – von der Raumgestaltung bis hin zur Neuplanung von Firmengebäuden – im Programm. Einen besonderen Service für alt eingesessene Firmen und solche in Neugründung bietet das DFSI mit seinem Logo-Check.

Beratungen & Analysen

Weiterhin arbeiten Fröhling / Martin in den Bereichen Firmen- und Privatanalysen. Beide bieten Haus- und Siedlungsplanungen und Coachings für Bauherren und Architekten an. Im Geo- und Elektrobiologischen Bereich können Sie zwischen Grundstücks- und Hausuntersuchungen – sowie Schlafplatz- und Büroanalysen wählen. Darüber hinaus vermitteln sie über das Deutsche Feng Shui Institut kompetente Berater in Ihrer Nähe.

VERLAG FRÖHLING & FRÖHLING

Ein vollkommen neues Buchkonzept: In „Feng Shui erleben“ finden Sie zahlreiche Projekte aus den Bereichen Privat, Business- und Garten-Feng Shui sowie der Geo- und Elektrobiologie vom Beraterteam des DFSI.

Neuerscheinung Frühjahr 2009

ANDERE BÜCHER DES AUTORENTEAMS